De Lula a Lula
A arte de montar governos com palavras cruzadas

Coleção Wilson Figueiredo, Volume II

De Lula a Lula
A arte de montar governos com palavras cruzadas

Wilson Figueiredo

Organização
Vanuza Braga

Rio de Janeiro

© Wilson Figueiredo

Organização, pesquisa e edição
Vanuza Braga

Editoração Eletrônica
Rejane Megale

Revisão
Vera Villar
Antonio de Souza e Silva

Capa
Axel Sande (axel@gabinetedeartes.com.br)

Foto de capa
Marcos Tristão / Agência O Globo

Adequado ao novo acordo ortográfico da língua portuguesa

CIP-BRASIL. CATALOGAÇÃO-NA-FONTE
SINDICATO NACIONAL DOS EDITORES DE LIVROS, RJ
....
F493d

Figueiredo, Wilson, 1924-
    De Lula a Lula : a arte de montar governos com palavras cruzadas / Wilson Figueiredo. - 1. ed. - Rio de Janeiro : Gryphus, 2016.
    130 p. ; 21 cm. (Wilson Figueiredo ; 2)

    ISBN 978-85-8311-072-9

    1. Brasil - Política e governo, 2003-2010. 2. Imprensa e política - Brasil - História. 3. História contemporânea. I. Título. II. Série.

16-32466   CDD: 320.981
                                                         CDU: 32(81)
....

GRYPHUS EDITORA
Rua Major Rubens Vaz 456 — Gávea — 22470-070
Rio de Janeiro — RJ — Tel.: (0XX21) 2533-2508 / 2533-0952
www.gryphus.com.br — e-mail: gryphus@gryphus.com.br

A Maria de Lourdes Salles Coelho
Por toda a vida
e a eternidade.

A maior batalha da América do Sul
Não houve.

(Sobre a batalha de Itararé. Retirado do poema "1930"
de Murilo Mendes, in: *A História do Brasil*, 1933.)

SUMÁRIO

Nota introdutória 11
À guisa de prefácio 15

ABERTURA

A República, de Floriano a Lula (21/07/2008) 21
A outra face da velha moeda (08/06/2010) 25

PARTE I
O INÍCIO

Cedo demais (13/04/2003) 31
Excede, como no velho anúncio (29/06/2003) 35
A queda e o passo (26/10/2003) 39
Sem estoque teórico (02/11/2003) 43
A viagem (23/11/2003) 47
A imagem (30/11/2003) 51
Radicalismo despachado (07/12/2003) 55
Se tentar, será o desastre (25/04/2004) 59
Conversa de botequim (16/05/2004) 63

É outro e parece outro (06/06/2004) 67
De Lula a Lula (16/07/2004) 71

PARTE II
O VÍCIO

Diplomacia às avessas (15/08/2005) 77
Lula e o princípio de Arquimedes (08/05/2006) 81
Lula e a folha de parreira (17/07/2006) 85
De um caderno de contradições (27/11/2006) 89
Império das circunstâncias (03/09/2007) 93
Pão e circos (28/07/2008) 97

PARTE III
O RITO DE PASSAGEM

Na fronteira da conveniência (22/09/2008) 103
A melhor tacada presidencial (26/11/2008) 107
História requentada (19/01/2009) 111
Lula no papel de pigmalião (15/03/2010) 115
Do mensalão ao "rebolation" (09/05/2010) 119
A arte de montar governos com palavras cruzadas (21/11/2010) . 123

Índice onomástico 127

NOTA INTRODUTÓRIA

De Lula a Lula: a arte de montar governos com palavras cruzadas, segundo volume da Coleção Wilson Figueiredo publicado pela Gryphus Editora, reúne artigos escritos entre 2003 e 2010, durante os dois governos do então Presidente Luiz Inácio Lula da Silva.

 A ideia de sua publicação surgiu em meados de 2015, logo após o lançamento de *1964 - o último ato*, que reúne seleção de artigos publicados em 1964, durante a crise política que culminou com a deposição do Presidente João Goulart e a tomada do poder pelos militares.

 A escolha do tema para esta nova coletânea foi sendo definida em etapas, após alguns encontros, pesquisas e mais de uma centena de textos lidos e relidos. Nossa intuição inicial era de que o livro tratasse de um tema recente, ligado ao universo político, considerando a trajetória e a experiência do autor nesse campo do jornalismo; e também para aproveitar o momento intensamente politizado e polarizado da sociedade brasileira. Assim, iniciamos o trabalho por uma ampla pesquisa nos arquivos do *Jornal do Brasil*, hospedados na hemeroteca digital da Biblioteca Nacional, em busca dos artigos escritos nos últimos anos, com o intuito de realizar o mapeamento dos assuntos e fatos mais abordados.

Como nas pesquisas historiográficas, onde o objeto sempre brota da fonte, rapidamente constatou-se a quantidade de artigos que o autor havia dedicado ao presidente Lula. Textos nos quais o governo e o País eram analisados a partir deste personagem, suas características, sua relação com as esquerdas, com a oposição, com a classe média, com a imprensa, com a realidade política e, sobretudo, com o eleitor.

Já no meio do caminho, uma grata surpresa facilitou e animou nosso trabalho. Organizando constantemente seus papéis, Wilson descobriu um enorme volume de textos seus cuidadosamente guardados e organizados por sua esposa, D. Lourdes, último presente da companheira de tantas décadas.

Tomada a decisão mais importante, qual seja, priorizar artigos sobre Lula escritos e publicados (no *JB*) no período de seus dois governos, a segunda preocupação foi com o perfil dos artigos. Depois de muitas reuniões e leituras, optamos, em conjunto, por textos cuja abordagem fosse conjuntural e atemporal. Escritos que extrapolassem o momento e o interesse imediato de quando foram publicados, e se prestassem a análises de questões maiores e mais profundas, uma vez que o interesse maior do autor (ao recuperar textos para nova publicação) é o de reativar o debate sobre traços permanentes da tradição política brasileira e republicana.

Além dos motivos acima apontados, o reconhecimento da importância da eleição de Lula, para quem se interessa em repensar analiticamente a História do Brasil, complementa e valoriza a Coleção Wilson Figueiredo.

De retirante nordestino a Presidente da República (em 2003), pela via sindical e a iniciação política, chegou ao Planalto após amargar três derrotas. A primeira para Fernando

Collor, em 1989, e as duas seguintes, 1994 e 1998, para Fernando Henrique Cardoso. Ao passar a faixa presidencial à sucessora Dilma Rousseff, em 2011, o presidente ostentava a extraordinária aprovação de mais de 80% dos eleitores. Temas ligados a sua biografia são excepcionalmente representativos do Brasil e dos brasileiros: pobreza, migração, mobilidade social, gosto pelo futebol, potencial de invenção pela narrativa, a força do patrimonialismo.

A coletânea está dividida em três partes, assim nomeadas: *O início, O vício* e *O rito de passagem*.

A primeira é composta de textos que acompanham os primeiros anos do governo (2003 e 2004), à luz das expectativas geradas pela estreia da esquerda no poder e a confirmação da imagem pública do ex-presidente. Na segunda parte, *O vício*, estão reunidos artigos sobre a crise ética que abalou o governo após as primeiras denúncias do "mensalão", a partir de maio de 2005, e seus impactos, sobretudo, na campanha para reeleição de Lula, em 2006. Na terceira e última parte, foram incluídos artigos sobre a sucessão presidencial, analisada a partir do protagonismo de Lula na condução do processo.

Dos 25 artigos aqui reunidos, 23 foram publicados no *Jornal do Brasil*, onde o autor fazia uma coluna política semanal, e replicados no blog *Democracia Política e Novo Reformismo*, de Gilvan de Melo. Dois artigos, a saber, *Na fronteira da conveniência* e *A melhor tacada presidencial*, foram publicados em *Opinião & Notícia*, a convite dos editores desse portal.

Boa leitura a todos.

À GUISA DE PREFÁCIO

Esta pequena publicação que o leitor tem em mãos, reunião de artigos que acompanham a trajetória do ex-presidente Lula em seus dois mandatos de 2003 a 2010, poderia ser confundida com um gênero jornalístico de grande voga na imprensa de hoje, a do colunismo político, mas seria um equívoco. O colunismo político que, entre nós, encontrou a sua forma exemplar nos textos do jornalista Carlos Castello Branco compromete-se a expor fatos selecionados como relevantes, segundo a avaliação do seu autor, na conjuntura em curso. Sob a pena de Castello Branco, o segredo da sua arte estava na discreta interpretação do material que coligia, pondo em evidência pela análise, sempre velando seus valores pessoais, o sentido oculto do que narrava.

Mestre Wilson Figueiredo, embora mantenha afinidades com o estilo de colunismo praticado por Castello Branco, faz-se definir por vocação diversa à do cronista que tem a política como matéria-prima a fim de, a partir dela, transcender o conjuntural para isolar um aspecto constitutivo do nosso modo de ser. Sobre o tempo futuro, tema clássico que ronda a nossa imaginação, herdado, sem dúvida, de Padre

Antonio Vieira e de Fernando Pessoa, que nos reservaria um destino brilhante segundo os ufanistas, nosso autor não deixa escapar a citação de Santo Agostinho para tratar de um país que não se cansa de perder inúmeras oportunidades para se construir melhor: "o futuro (...) tem o inconveniente de estar sempre atrasado e, quando se procura por ele, já vai longe". Assim como no Brasil, "sempre em posição de espera". São palavras de 2008 com que se lamenta, em meio aos episódios do mensalão, a perda da aura do governo do PT e de suas promessas de mudança em nome de uma governabilidade que exigiria compromissos com nossas tradições oligárquicas.

Nesta janela de leitura, revela-se o cerne do gênero da crônica, em que o que importa não são propriamente os fatos, mas a intervenção pessoal do seu praticante sobre eles. Daí que a crônica política em Wilson Figueiredo seja uma forma miniaturizada do ensaio. A propósito desse gênero literário, a socióloga Maria Alice Rezende de Carvalho, tratando da obra de Otávio Paz, o genial autor do ensaio *Labirinto da solidão*, precisou-o como esforço de entendimento do todo e não do detalhe. O ensaio, nesse sentido, falaria de coisas já sabidas, mas que "tomariam de assalto a consciência quando arrumadas de um jeito novo".

Em fins de 2003, Wilson Figueiredo, em crônica com o título expressivo "Sem estoque teórico", caracteriza a vinda ao mundo do PT "como um Exército da Salvação para recolher almas penadas da esquerda que perambulavam pelo Brasil há anos". Nesse *coup d'œil*, um recurso característico do ensaio, o clarão que assalta nossa consciência, pondo à luz as razões fundas da história em ziguezagues desse partido, tanto dos seus sucessos e fracassos como dos impasses que atualmente o afligem e para os quais já esgotou seu velho estoque de recursos. Terá ele energia e discernimento para, afinal, romper com o processo de modernização que importou, em má hora, da tradição burguesa brasileira, e tornar-se uma força de condução da obra inconclusa do moderno entre nós?

A propósito, é o tema da esquerda que, como um fio vermelho, percorre as crônicas a que seu autor concedeu nova vida com esta oportuna publicação, que coincide com uma hora aziaga para um partido que nasceu com a pretensão de ocupar este lugar na política brasileira e vive, agora, o dilema difícil de reinventar sem contar com novas ideias e novos personagens animados – passou o tempo do Exército da Salvação. Nesses estudos, dedicados aos governos Lula, nosso autor não recusou um olhar de compreensão a eles, embora *sine ira et studio*, com o tom inconfundível de uma ironia em que ressoa em surdina a de Machado de Assis, não tivesse como admitir que sua experiência iria dar certo. Figueiredo adverte-nos não nutrir gosto pelos espelhos retrovisores, mas reconhece que eles são indispensáveis a quem procura se lançar à frente. Para os que desejem investir nessa empreitada, boas lições hão de ser recolhidas neste *De Lula a Lula – a arte de montar governos com palavras cruzadas*.

Luiz Werneck Vianna
Sociólogo, professor da PUC – RJ e coordenador do Centro de Estudos Direito e Sociedade (CEDES). Autor de *A Democracia e os três poderes no Brasil* (2002), *Esquerda brasileira e tradição republicana*: estudos de conjuntura sobre a era FHC-Lula (2006), entre outros.

ABERTURA

A REPÚBLICA, DE FLORIANO A LULA
(21/07/2008, JB)

Ninguém mais perde tempo em atribuir a Lula, mordendo a língua, a responsabilidade pelo que vem acontecendo ao Brasil. Nada pega(va) de muda na sua biografia. O presidente não quer saber de observações contrárias à alta avaliação que faz a seu próprio respeito. Dá como feitas obras ainda no papel e saca pesado contra a História que lhe abriu crédito sem teto. Lula usa cartão corporativo para quitar-se, no presente e no passado, do país que não tira os olhos do futuro.

 O brasileiro já parece disposto a esperar o resultado das revelações escabrosas para falar. Foi mesmo a situação geral que elegeu o presidente Lula. O Brasil atual só pode ser obra de vários governos. Falta saber quando foi que o Brasil começou a retroagir moralmente. Vai ver que desde as caravelas. Já está claro que o passado não absolve, mas esquece. O futuro, já dizia Santo Agostinho, tem o inconveniente de estar sempre atrasado e, quando se procura por ele, já vai longe. O Brasil continua esperando. Se o Brasil não deve a Lula o espetáculo de baixo nível ético, não pode desconhecer que o elegeu. É natural a má vontade. O esgotamento da social-democracia no governo anterior, além da reeleição, criou condições para Lula abrir espaço social à cidadania mínima. Elas por elas. E assim se conta como Lula deu a mão àquelas faixas sociais batizadas com letras do alfabeto, mas ainda sem acesso à educação e à saúde públicas. Com o Bolsa Família e outras fontes de sobrevivência mínima, o presidente fez o seu nicho na História do Brasil. Ainda ativou a Polícia Federal e tirou o pão da boca da oposição.

Já que o *show* não pode parar e a ação policial muito menos[1], já que não foi Lula quem incrementou as roubalheiras, nada o impede de fazer o levantamento das responsabilidades alheias, embora sem a tradicional separação de bons e maus ladrões. "Ou todos comem ou haja moralidade" é a retumbante máxima republicana que continua válida, apesar da omissão do nome do seu autor, o marechal Floriano Peixoto[2], de quem Lula poderia aproveitar lições contundentes. Diante de um pedido de autorização para pagamento de obras públicas, o marechal estranhou o custo e exigiu explicações. Teve-as, mas não se satisfez e, como era hora de pagar, não perdeu tempo. Antes da assinatura, Floriano lavrou de próprio punho o despacho com a ressalva:

---

[1] No dia 08 de julho a Polícia Federal havia deflagrado a Operação *Satiagraha*, conduzida pelo delegado Protógenes Queiroz, cujo objetivo era investigar um esquema de desvio de verbas públicas e crimes financeiros. Com ampla cobertura da imprensa, foram presos o banqueiro Daniel Dantas, sócio-fundador do Grupo Opportunity, o ex-prefeito de São Paulo Celso Pitta, o investidor Naji Nahas e outros. As investigações surgiram como desdobramentos do chamado "mensalão", que envolvia o suposto pagamento de dinheiro a deputados da base aliada do governo do presidente Luiz Inácio Lula da Silva em troca de apoio no Congresso.

[2] Militar e político, foi o segundo Presidente da República, no Brasil (1891-1894).

"Pague-se, mas que ladrões". Lula bem poderia valer-se do precedente histórico e homenagear o consolidador da República quando aqui chegar a IV Frota americana.[3] Diante da fermentação política que azedava os sonhos republicanos[4], o embaixador britânico sondou o governo sobre como seria recebido o desembarque de marinheiros ingleses para ajudar a manter a ordem pública. O presidente Floriano não se fez de rogado: "a bala".

No seu tempo, Machado de Assis virou do avesso aquele ditado popular que reconforta os pobres com a ressalva e a rima de que é a ocasião que faz o ladrão. Sempre atento à natureza humana, ele considerava que o ladrão nasce feito. O dote vem do berço e a ocasião é fortuita, seja pobre, rico ou remediado o ladrão. Por ser mais antiga do que a teoria, a desigualdade social, na questão do roubo, nem foi abordada por Rousseau. Aliás, ladrão paira acima da ocasião, que não apenas propicia o roubo como beneficia o ladrão, e ainda sobra para os advogados.

A rigor, nem a ocasião garante o ladrão, depois que a quebra da trinca dos sigilos mais produtivos – telefônico, fiscal e bancário – passou a dar testemunho.

---

3   A IV Frota Americana é uma divisão da Marinha dos Estados Unidos da América, responsável por operações militares na América Central, América do Sul e Caribe. A notícia da reativação da IV Frota a partir de 1 de julho daquele ano, desagradou as autoridades da região. Brasil e Argentina enviaram inquéritos formais ao governo dos EUA. A recém descoberta do pré-sal foi apontada pela imprensa brasileira, na época, como suposto motivo para o retorno da IV Frota.
4   A primeira década da República, no Brasil, foi marcada por inúmeros conflitos. Em seu governo, Floriano Peixoto enfrentou a Revolta da Armada (1893), no Rio de Janeiro, e a Revolução Federalista (1893 – 1895), no Rio Grande do Sul.

A OUTRA FACE DA VELHA MOEDA
(08/06/2010, JB)

Ficou para trás aquele Lula sem gravata, a quem se atribuía a responsabilidade pelo estado de desencontros, provocações, conivências, suspeitas e informalidades republicanas, nos dois mandatos, sob risonha condescendência em relação ao que separa o país que temos daquele outro que queremos (e ninguém sabe exatamente qual seja). Bateu em porta errada quem o culpou pela proliferação risonha e franca dos costumes comprometedores de uma República que só existia na nossa nostalgia do futuro. A verdade é que Luiz Inácio Lula da Silva é o produto eleitoral da mal contada história que se acumulou à porta da República e ainda não foi coletada, filtrada e passada adiante. Fica mais fácil entender o que se passa e preparar-se para o que vem por aí quando se verifica que não foi propriamente Lula quem deixou o Brasil desse jeito, e sim o Brasil que o elegeu pelo voto direto.

As pesquisas de opinião puseram as coisas no lugar provisório para quem lê também nas entrelinhas. Lula bate com a cabeça no teto das pesquisas.[5] Não estava na cogitação presidencial reformar aquele país que não foi obra dele, pois recusou a empreitada – quando estava com a faca e o queijo na mão – ao se apresentar a oportunidade. Reforma política só na hipótese de tremor institucional que rache o próprio governo. Bastava-lhe o Brasil como se apresentava. Não se sentia eleito para mais do que isso e, antes de sair, vem convencendo a opinião pública, e se convencendo, de que sua parte em dois mandatos era mesmo revelar o Brasil aos brasileiros. A outra face da moeda, que começa a circular depois de sair, terá a sua efígie. O mesmíssimo Lula – curado da expectativa que o precedeu, de barriga cheia com dois mandatos (resistiu ao terceiro que ele mesmo recusou diante do perigo à vista), com 80 e tantos por cento de admiração popular pela maneira como faz e não acontece – não se livrará da responsabilidade do que vier a acontecer, daqui por diante, como consequência, tanto a previsível como a outra.

Um presidente da República que chega a ser multado cinco vezes pela Justiça Eleitoral, antes de começar a campanha, pode estar fazendo ouvidos de mercador, mas não quer fazer história. Desse julgamento que se esboça, o presidente Lula não se livrará assim que puser o pé fora do mandato, que é quando a verdade sobre os governantes sai das gavetas e ganha potencial incalculável. No modo petista de entender a política, a campanha presidencial tem uma zona de sombra sob a qual tudo é permitido, princi-

---

5 Em pesquisa do Datafolha, realizada em maio de 2010, 76% dos eleitores aprovavam positivamente o desempenho de Lula. Na pesquisa seguinte, realizada entre os dias 30 de junho e 01 de julho, o presidente obteve 78% de aprovação, seu maior índice desde o início do mandato.

palmente o eufemismo burocrático denominado *dossier*. Nada de bom se pode esperar de um princípio que traz em si o fim, segundo o qual quanto pior, melhor. Porque, então, quanto melhor, pior. Dependendo de quem é um e quem é o outro.

PARTE I
O INÍCIO

CEDO DEMAIS
(13/04/2003, JB)

Depois de 100 dias, o Presidente Luiz Inácio deu o recado aos políticos sem a familiar ressalva segundo a qual *quem avisa amigo é*. Quer ter aprovadas até dezembro as duas reformas encalhadas, a previdenciária e a tributária, sem prejuízo das demais à espera da boa vontade de deputados e senadores. Lula tirou da gaveta um apólogo reacionário que ficou anacrônico e saiu de circulação.

O Presidente deu jeito e tornou a versão palatável à esquerda. Quando fez o mundo, o Criador poupou o Brasil de terremotos, furacões, vulcões e congêneres. Mas, como não cogitava de restaurar o paraíso, deixou soltos políticos de boca enorme e ouvidos pequenos. Falam demais e se fazem de surdos para só ouvir o que seja agradável. Estão por aí, soltos e fagueiros.

Na primeira versão, de autoria desconhecida, Deus foi magnânimo com a natureza, mas se esqueceu de providenciar povo à altura do Brasil. Coube-nos um povinho. A classe alta não perdia oportunidade de tascar o brasileiro por ausência de qualidade para fazer deste país uma democracia. Luiz Inácio deu à anedota reacionária sentido político novo, e relançou-a em causa própria por ocasião dos 100 dias. O povão é bom, quem não presta são os políticos que esperam os novos governantes perderem a pose. Getúlio Vargas chamava de "leguleios em férias" os bacharéis oposicionistas que azucrinavam o Estado Novo. Não fazia por menos.

Percebe-se em Lula o mesmo prazer de Getúlio Vargas que, no entanto, não fazia fé na democracia. Nem disfarçava. Foi, aliás, de uma coerência mortal a esse respeito. Na última crise em que se envolveu no exercício da Presidência que alcançou pelo voto, o ex-ditador recomendou aos que ficaram ao seu lado tudo fazerem, menos sair da legalidade. Erro irreparável para quem não era do ramo.

Vários presidentes devem ter tido momentos de descrença na democracia. Alguns desabafaram terapeuticamente na intimidade maus juízos dos políticos e dos eleitores, mas ficaram por aí. Não ousaram passar do ressentimento. Jânio Quadros não tinha menos apreço pela política e tratava a democracia como professor do tempo da palmatória. Ou como explorador de mulher da vida. Mas blindava-se com a originalidade pessoal, com o formalismo dos gestos e a arrogância gramatical.

Jânio era, pessoalmente, figura de retórica. Com a distância, defendia-se dos políticos, mas nem por isso o povão chegava perto dele. Muito cedo se deu mal na Presidência e passou a culpa a Brasília. Um dia, quando andavam mais tensas suas relações com deputados e senadores, jogou a toalha sem melhor explicação. Redigiu de próprio punho – o estilo era a caricatura do homem – a comunicação da renúncia e mandou entregá-la em mãos ao Presidente do senado.[6] A ideia do golpe pairava no ar.

---

6 Auro de Moura Andrade (1915 – 1982). Político do PSD (Partido Social Democrático).

Os políticos, porém, foram mais rápidos no gatilho. Ninguém ousou dissuadi-lo da desistência que não tinham pedido a Deus, mas ficaram gratos ao diabo. Trataram de aceitar o pedido antes que se arrependesse. Jânio tinha na implicância em relação aos políticos um dos pilares da sua popularidade exótica e do seu desprezo pela política.

No que aqui interessa, vieram os vinte anos em que presidentes não precisavam manifestar restrições aos políticos. Deputados e senadores ficaram em disponibilidade operacional bem remunerada (inclusive a oposição). Da maneira como aconteceu mais tarde, confirma-se que não deve dar sorte falar mal de políticos que vivem em concubinato cívico com a mãe de todos os vícios, a ociosidade.

Lula veio aparentemente bem nos primeiros cem dias, a crer nos altos índices de popularidade[7], que também podem fazer mal. Sem necessidade, referiu-se com alegria galhofeira à baixa disposição dos políticos para as reformas previdenciária e tributária. Não apenas pela indolência legislativa, mas também pelas próprias reformas. Quem trabalha com voto evita envolver-se com o teor de impopularidade de uma e com as divergências da outra. Sem falar no antecedente de Lula, que pode ser lembrado quando convier. Ao mandar às urtigas o mandato de deputado[8], com o qual não se deu bem, Lula disse que o congresso era um clube de picaretas.[9] Falou por alto em 300, mas deixou margem às exceções para salvar as aparências.

---

7 Conforme pesquisa do CNI/ Ibope, em março de 2003, o governo obteve 51% de aprovação, enquanto a avaliação pessoal do presidente foi aprovada por 75% dos entrevistados.
8 Lula foi eleito, em 1986, deputado federal constituinte.
9 Em 1993, em uma viagem pelo país, perguntado sobre o que achava do congresso, Lula respondeu: "Há no congresso uma minoria que se

O pecado de Lula é venial. Falta de originalidade, por si só, não leva para o inferno. Pecado grave é pensar no segundo mandato quando o primeiro está nos cueiros. Escorregou o presidente na própria língua ao avaliar o mandato de quatro anos insuficiente para tudo que prometeu. Foi mais explícito que Fernando Henrique, que se entendeu antes com os políticos. O pessoal que fez a República quis poupá-la dos males da reeleição que os Estados Unidos criaram por inveja da monarquia. Era advertência de natureza política, nada sobrenatural. O primeiro dia do segundo mandato de Fernando Henrique abriu a crise, que não cicatrizou até o último.

Lula também deu, cedo demais, a pinta de quem está de olho na reeleição. Foi precipitado alegar que está montando "o alicerce para os próximos 20 anos." Não se trata de encarar os 20 anos de um trago, mas um de cada vez, como preferia José Maria Alckmin.[10]

---

preocupa e trabalha pelo país, mas há uma maioria de uns trezentos picaretas que defendem apenas seus próprios interesses." A declaração foi feita por ocasião da CPI dos anões do orçamento, que investigou 37 parlamentares por suposto envolvimento em esquemas de fraudes na Comissão de Orçamento do Congresso Nacional. O esquema era comandado pelo deputado baiano, João Alves, na época filiado ao PPR (hoje PP). Ficou célebre a desculpa dada pelo ex-deputado para explicar seu *patrimônio*, alegando ter ganhado centenas de vezes na loteria.
10 José Maria Alkmin (1901 – 1974). Advogado e político do PSD mineiro.

EXCEDE, COMO NO VELHO ANÚNCIO
(29/06/2003, JB)

Ao completar o primeiro semestre dos oito de que dispõe, Luiz Inácio Lula da Silva bem merece uma freada para arrumação no estilo de governar, da mesma maneira com que o candidato mudou o figurino pessoal depois de três tentativas eleitorais que começavam e terminavam do mesmo jeito. Sem gravata, barba desalinhada e insuficiência de votos. Palavras não geram obras do governo. Mais ação e menos peroração, sim.

O primeiro retoque no modo pessoal de ser precisa considerar o que começa a fazer sentido no estilo Lula de governar. O cacoete messiânico se acentua com as dificuldades. O recurso frequente ao sobrenatural aparentemente acessível deveria ser parcimonioso. O tique é antigo mas chamava a atenção porque a candidatura de Lula parecia unha encravada. Era bem tratada mas voltava sempre. Lula tem toda razão de confiar, em primeiro lugar, em seus próprios recursos, principalmente o de falar com facilidade desde a era sindical.

Com a confusão sonora entre as letras 'f' e 's', deu-se o primeiro milagre: Lula não acertou a maneira de pronunciar mas os ouvidos dos eleitores se acostumaram. A tradução simultânea resolveu. Ele fala e ninguém percebe a diferença. Lula não quis submeter-se a um fonoaudiólogo. Sempre existe um professor Higgins para transformar Elisa Doolittle[11] na grande dama fonética de *My Fair Lady*, ou fazer como Demóstenes, que praticou com sucesso clássico o método de vencer a gagueira: ir para a beira do mar e, com a boca cheia de pedrinhas, apartear as ondas e apostrofar os ventos. Pena que a voz de Demóstenes não tenha chegado ao nosso tempo, por culpa dos gregos, mais preocupados com intrigalhada mitológica do que com a tecnologia. Mas a História, nomeada por Cícero *mestra da vida*, está aí mesmo para situações incômodas. O mar com que Lula debateu salários e demais injustiças, para robustecer a oratória, era feito de operários em pátio de fábricas.

Foi suficiente. Do sindicalismo à política, o salto de Luiz Inácio pode não ter sido maior que o do Brasil, que também percebeu a conveniência de mudar o passo. Lula tomou a via democrática (cheia de curvas) e viu-se sempre com bons olhos, é natural. Não é natural, porém, torneiro mecânico chegar à Presidência da República (nem nos Estados Unidos) sem antes ter sido prefeito municipal e governador de estado, para credenciar-se. Sem o salto tríplice, abreviou-se a História do Brasil (fica faltando o resultado). A presidência foi um passo maior do que as pernas sindicais do candidato.

O presidente – como dizia o antigo anúncio da Shell – excede. Mas o rendimento político é muito superior ao administrativo. Um semestre é pouco para grandes obras.

---

11 Protagonista da peça *Pigmalião*, Eliza Doolittle era uma florista que trabalhava nas ruas de Londres. Dona de um terrível sotaque, teve sua vida transformada após conhecer o professor de fonética *Henry Higgins*. A obra foi adaptada para o cinema com o nome *My Fair Lady*, um filme estadunidense de 1964, dirigido por George Cukor.

Falando, Lula aprendeu a falar (mal dos outros governos e bem do seu). O eleitor não demorou a reconhecer o gêmeo anônimo que estava sempre ao seu lado nos palanques. O olho crítico viu primeiro. Eram dois Lulas em um. Passou a referir-se ao outro alternando a primeira e terceira pessoas: uma elogiava a outra como exercício de modéstia. Lula falava de Lula com intimidade.

Pequenas desatenções, porém, começaram a ter efeito. Na Presidência se sentiu credenciado por um poder sobrenatural e a modéstia recolheu-se à sua insignificância.

Logo, se os cidadãos não concluem, Lula tem o direito de arrematar em causa própria. Reavaliou-se pelo resultado oral, que impressiona. Quem, nas mesmas condições, conseguia ficar calado? Ainda que Lula conseguisse boas notas apenas em provas orais, no curso sindical e depois em praça pública, na arrancada final surpreendeu.

Por mais que a História se faça de esquecida, sempre retira do armário e repõe em circulação o que seus protagonistas preferem arquivar. O historiador é quem faz o ponto na História, e sopra para os atores o que andava esquecido.

Quando Lula citou como sinal de apreço pelas instituições democráticas o farrancho dos governadores de pires na mão, rumo ao Congresso, ele à frente, não se lembrava mais de que devolveu o mandato de deputado em sinal de apreço, mas pela Revolução (ou de desapreço pelo mandato parlamentar). Chamou de picaretas, e calculou por cima uns 300, os deputados que o decepcionaram e hoje o cortejam.

Daqui para a frente, mesmo acreditando que os improvisos são agradecimento aos deuses que moram nas urnas, é bom não esquecer que entre a eleição e a reeleição se intromete eleitor. Não estará em jogo apenas uma candidatura, mas também o resultado do governo.

A QUEDA E O PASSO
(26/10/2003, JB)

Um dia teria de acontecer. Questão de tempo. Dez meses – 300 dias – são suficientes para cair o umbigo de qualquer governo novo. Enquanto for o umbigo, tudo bem. Mais importante, porém, do que descer nas pesquisas é a maneira como se vai ao chão. No caso do pessoal do PT e do próprio Lula, as diferenças entre o partido e o presidente se ampliaram no exercício da coisa pública. Enquanto, mês a mês, o governo escorregava dos números elevados, o presidente se aguentava fagueiro. Tinha prazer em vocalizar com sabedoria popular as situações. Encerrou-se a fase alegre. Na hora de dar a sua opinião, o cidadão (ou será o contribuinte?) não faz mais diferença entre governo e presidente. A fadiga do contribuinte vale-se de pesquisas enquanto o presidente começa a se repetir. É a véspera do tédio cívico, que aumenta na burguesia o prazer de usufruir escândalos políticos como episódios mundanos.

No 10º mês do primeiro ano do primeiro mandato, premissa do segundo, o presidente desceu aos trambolhões sete degraus. Na contagem do Instituto *Sensus*, sem maiores explicações. A distância entre Lula e o seu governo vinha aumentando por força da natureza humana. Daí decorreu a questão de identidade política mal resolvida quando o PT era pobre. Seria pior se o neoliberalismo não tivesse se insinuado como razão maior numa disputa de família que conheceu dificuldade. E se o PT não embicasse rumo ao passado que não deixou saldo por onde passou.

A importância das pesquisas está em que, já que existem, convém que sejam feitas. E, feitas, não podem ser ignoradas. Quando eram invejadas à distância, aqui a campanha eleitoral estimulava o faro dos candidatos e a surpresa sagrava-se a grande divindade das urnas. O PT foi ungido pelas pesquisas. Houve tempo para as adesões comprometedoras se entenderem com o vencedor. Só o PMDB ia ficando sufocado por falta de ar.

Lula e o PT têm arrufos públicos, mas a grande família se acomoda a cada curva da História. E as pequenas divergências crescem no poder como filhas de papai rico. Desde a campanha eleitoral as insatisfações se manifestaram, mas foi possível empurrá-las com a barriga (de Lula). Pelo que se dizia, o poder compatibilizaria as relações da gente petista oriunda das mais variadas procedências. Todos à esquerda, guardadas as diferenças genéticas das quais o PT era o denominador comum.

No poder, porém, a falta de ajuste doméstico deu novos sinais de impaciência. Nesse meio tempo, o operário da grande indústria paulista melhorou de vida e de cabeça: já que o socialismo não quer nada com o Brasil, tudo passa a ser legítimo. Enquanto vegetavam na oposição, Lula e o PT achavam que a chegada ao poder resolveria tudo. Já sabem que não. O socialismo autoriza ilusão, o neoliberalismo aguça divergências. As diferenças tornaram-se sintomáticas de algo maior que seus porta-vozes.

Quando, recentemente, Lula afirmou, para demarcar território, que nunca foi de esquerda, quis dar por encerrada uma etapa para começar outra. A confusão aumentou. Desde a escolha pessoal do vice[12], Lula acenou aos adversários tradicionais com as unhas aparadas e, aos de dentro, adiantou a ilusão tácita de que oportunamente seriam revistas as concessões. Ficou entendido que iria operar com moeda transitória. Mas parece que ficou tarde para voltar atrás. Trocou de público e o governo sente-se prisioneiro, só não percebe exatamente de quem. A chapa eleitoral (operário-industrial) acertou em cheio nas pesquisas que divergências de opinião, aqui e ali, não incompatibilizavam. O governo Lula gira em torno desse eixo imaginário no qual os radicais se sentem tontos.

Afinal, o PT é ou não é de esquerda? Lula diz que nunca foi, mas o PT nasceu à esquerda e teve como pai o socialismo ingênuo. Na verdade, o PT foi um passo atrás. E, no governo, na hora de ir à frente, deu o segundo passo atrás. É o leninismo às avessas. O pessoal espera um à frente, mas não há jeito. A mesma forma de gravidade puxa os dois para baixo. O que diziam não era para ser escrito. O que se escrevia com caligrafia oposicionista ficou ilegível aos olhos do governo.

Governo, em situação de aperto, sai pela tangente. Felizmente, o ano começa, mas também acaba e, não por acaso, Papai Noel encaminhara a reforma ministerial, esse santo remédio. Lula botara na cabeça o barrete vermelho e se deixara fotografar. Afinal, foi para resolver situações domésticas que se inventou a reforma ministerial.

---

12 José Alencar Gomes da Silva (1931 – 2011). Empresário e político mineiro. Foi vice-presidente da República entre 2003 e 2010, na chapa PT/PL.

SEM ESTOQUE TEÓRICO
(02/11/2003, JB)

O velho ditado segundo o qual quem sai aos seus não degenera foi preterido pelo DNA, que dá a última palavra em questões genéticas com franqueza científica. Coincidência ou não, Lula ganhou a definição (de autoria dúbia) de governante transgênico modificado pelo exercício do poder.

Mais do que briga de família, é questão de identidade e diz respeito à sobrevivência política do próprio PT. O fato histórico é que todos chegaram tarde para dar conta da responsabilidade de implantar o socialismo, mas ainda a tempo de valer-se do reformismo, que é o seu *prêt-à-porter*.

Mesmo num só país, o socialismo não é fácil. Socialismo global, nem pensar. A julgar pelas aparências, a vez ainda é do capitalismo. Para que perder tempo? Desde a sua origem a esquerda se debateu em contradições até o desenlace no final do século XX. O socialismo estava nas últimas e não sabia, mas agora ficou ciente. Que fazer? Ressuscitará? O PT só está ciente das dificuldades de semear socialismo e colher transgênicos. Gorbatchev[13] providenciou o atestado de óbito do socialismo e legou às esquerdas a herança do custo político exorbitante. Pouco adiantou (e muito atrasou a História) a ideia de fatiar o advento da igualdade entre os homens de acordo com a possibilidade de cada país. A questão não foi resolvida entre Trotski e Stalin, na teoria e muito menos na prática.

O PT veio ao mundo como um Exército da Salvação para recolher almas penadas da esquerda que perambulavam pelo Brasil há anos. Mas foi muito mais, na sua fundação, um pacto de redenção sindical que reuniu os sobreviventes do peleguismo e uma parcela da Igreja Católica disposta a trocar orações por luta de classes. Mais do que um partido de esquerda disposto a aglomerar órfãos, dissidentes, descontentes e desiludidos. Fez bom trabalho de casa, como o jardim de infância na formação de uma nova esquerda que veio ao mundo depois do Relatório Kruschev[14].

O espírito sindical apurado pelo PT na luta contra o capitalismo tinha aspirações políticas e sociais desde quando o século XXI ainda se esboçava. Sindicalistas com luvas de pelica, não de boxe. O PT chegou com ímpeto de mudar tudo, sem disfarçar a prioridade de ascender social e poli-

---

13   Mikhail Gorbatchev (1931). Político e estadista russo. Presidente da extinta União Soviética (1988 – 1991).
14   O *Relatório Khrushchev* ou *Discurso Secreto* foi o nome dado à famosa intervenção do político soviético Nikita Khrushchev durante o XX Congresso do Partido Comunista da União Soviética, em fevereiro de 1956. Na ocasião, Khrushchev apresentou um relatório no qual acusava Stalin, falecido havia menos de quatro anos, pelo uso abusivo de violência, execuções, processos fraudulentos contra adversários políticos, violando todas as normas de legalidade revolucionária. A divulgação do *Relatório* deu início a uma enorme crise que atingiu o Movimento Comunista Internacional.

ticamente. Ressaltava o perfil pequeno-burguês. E está aí. Não era, portanto, um partido empenhado em aprofundar divergências teóricas disponíveis à esquerda. Nem somar dissidentes. Entre bandeiras vermelhas, drapejava a revisão sindical e política. Mas as palavras adiantavam o que seria quando chegasse ao governo. Quem se der ao trabalho de conferir, verá.

Lula sempre se mostrou disposto a esperar. Não teve pressa. O PT nasceu com a vontade de recomeçar do zero mas sem comprometer os meios com os fins (ou os fins com os meios). O compromisso de honra seria não reutilizar os velhos erros. De novo, nada. Não teve dificuldade para optar entre revolução e reforma, velho dilema não resolvido no século XIX. Sem sacrifícios. Pairavam no ar a velha nostalgia revolucionária e a nova disposição de praticar, sem medo, princípios de esquerda com sentido prático, imediato. A vitória de Lula é isto.

Tudo já estava demonstrado e, como o PT se desinteressou de desenvolver teorias, ficou tudo à disposição do acaso (por via eleitoral) para o que desse e viesse. Veio, primeiro, a vitória de Lula. Faltou o resto.

Ao se habilitar à via eleitoral depois de três insucessos, com o propósito de mudar para melhor as relações entre as classes sociais, o PT tomou a via alternativa e chegou ao mesmo lugar. É o que ficaria conhecido como teorema eleitoral de Lula, se o resultado das urnas não fosse favorável na quarta tentativa. E, para não ser confundido com o eterno recomeço de esquerda, assim que chegou ao poder o PT mostrou que não veio ao mundo para fazer revolução para os outros. Para uso exclusivo, ninguém mais. Aceitou ser prestador de serviço ao socialismo com modos capazes de atenuar o medo dos que mais têm a perder, nem que fosse tempo. A candidatura, eleitoralmente, rejeitada três vezes não estava em bom estado para a última tentativa. Lula melhorou a aparência do bolo com os confeitos da social democracia, para não desagradar o paladar histórico do eleitor.

Não trazendo estoque teórico, o PT é portador de um aprendizado oral do qual Lula é expressão universal. No governo não admite debate e, como se viu, divergência não cabe no governo. Lula deixou claro que não persistiria no erro de tentar revolução que não seja por encomenda. Oferecida, não.

A VIAGEM
(23/11/2003, JB)

O governo Lula se aproxima, se é que já não ultrapassou, daquele ponto em que, depois de levantar voo, os pilotos de aviões ficam sem a alternativa de desistir. Alternativa é o que não tem faltado a Lula & Cia. Todo governo começa do mesmo jeito. Todos terminam de maneira diferente, mas igualados pelo desagrado geral. Quem abreviou o fim foi Jânio Quadros, e se arrependeu (era tarde, não tinha volta). São dispensados do dilema os que assumem para completar mandato alheio, como ocorreu com Itamar Franco.[15]

Na única vez em que se elegeu presidente, Getúlio Vargas quis prestar homenagem à democracia. Arrumou o Ministério[16] e proclamou-o de experiência. Foi fatal. Virou

---

15   Jânio Quadros, eleito Presidente da República em 1960, renunciou ao cargo em agosto de 1961. Itamar Franco, eleito vice-presidente de Fernando Collor nas eleições 1989, assumiu a Presidência após o *impeachment* do presidente, em 1992.

16   Composição do Primeiro Ministério de Lula (2003): Casa Civil: José Dirceu (PT); Fazenda: Antonio Palocci (PT); Planejamento: Guido Mantega (PT); Justiça: Márcio Thomás Bastos; Desenvolvimento:

cemitério de candidatos à morte com data marcada. Lula cometeu a barbeiragem de anunciar que o Ministério feito com os saldos e déficits (mais com estes que com aqueles) da campanha chegaria a dezembro, mas nem assim aplacou a impaciência do PMDB. Pode-se dizer que é o Ministério da falta de resultado. Tudo que sobe desce. Menos imposto.

A questão resume-se em saber até quando o governo do PT pode contar com a oportunidade de voltar ao que Lula prometia, antes que fique tarde para se retratar. Em política, ninguém sabe exatamente onde se localiza esse famoso ponto que, uma vez ultrapassado, inviabiliza a volta. No ar e na política, só se sabe depois que é tarde. Lula saiu das urnas com recorde de popularidade e teve ao seu dispor um céu de brigadeiro para um governo civil, como nunca se viu. Reinvestiu a popularidade suficiente para o gasto e com sobras para negociar. Mas o governo mostrou tendência a

---

Luís Fernando Furlan; Banco Central: Henrique Meireles (PSDB); Relações Exteriores: Celso Amorim; Educação: Cristovam Buarque (PT); Agricultura: Roberto Rodrigues; Assistência e Promoção Social: Benedita da Silva (PT); Segurança Alimentar: José Graziano (PT); Ciência e Tecnologia: Roberto Amaral (PSB); Cidades: Olívio Dutra (PT): Comunicações: Miro Teixeira (PDT); Defesa: José Viegas Filho; Cultura: Gilberto Gil (PV); Esporte: Agnello Queiroz (PCdoB); Integração Nacional: Ciro Gomes (PPS); Meio Ambiente: Marina Silva (PT); Minas e Energia: Dilma Roussef (PT); Previdência: Ricardo Berzoini (PT); Corregedoria Geral da União: Waldir Pires (PT); Trabalho: Jaques Wagner (PT); Transportes: Anderson Adauto (PL); Direitos Humanos: Nilmário Miranda (PT); Secretaria Geral da Presidência: Luiz Dulci (PT), Secretaria de Comunicação: Luiz Gushiken (PT); Direitos da Mulher: Emília Fernandes (PT); Secretaria da Pesca: José Fritsch (PT); Desenvolvimento Econômico e Social: Tarso Genro (PT); Política de Promoção da Igualdade Racial: Matilde Robeiro (PT); Saúde: Humberto Costa (PT); Desenvolvimento Agrário: Miguel Rosseto (PT); Turismo: Walfrido Mares Guia (PTB).

praticar a gerontofobia, até que Lula deu uma de Moisés de filme da Metro[17] e levou os velhinhos para a outra margem da Previdência Social.

O erro de governos neófitos é valer-se da prioridade para carimbar programas de ação. Foi tanta necessidade acumulada na oposição que, ao chegar ao governo, Lula & Cia distribuíram prioridade a título de compromisso político ao portador. Quem distribui é o presidente mas quem providencia é o Ministério, que não disse a que veio. Ou diz uma coisa e faz outra. É uma espécie de *trailer* do governo que, por falta de tempo hábil, se reserva para o segundo mandato. Quem sabe? Essas reformas de que se orgulha o Planalto (e que constrangem o PT) também tiveram prioridade no governo anterior. Mas também acabaram desmembradas num acordo geral para facilitar a vida de uns e outros.

Sem o segundo mandato, Lula estava condenado a completar o governo anterior que, apesar de reeleito, não deu conta do recado social-democrata. Ficou para Lula e o PT. Mas, exatamente onde o ponto de retorno ficou para trás, as iniciativas frustradas acumulam-se como nuvens no horizonte, que confunde o céu de brigadeiro com o chão dos sem-terra. O céu de brigadeiro foi a eleição. Como admitia Otto Lara Resende, é possível que a invenção do avião não tenha sido brasileira, mas ninguém nos tira a autoria do desastre aéreo.

A frase inspirou-se no episódio da volta triunfal de Santos Dumont ao Rio, quando professores da Politécnica foram saudá-lo, sobrevoando na Baía da Guanabara o navio

---

17 Metro-Goldwyn-Mayer, empresa norte-americana do ramo de produção e distribuição de filmes.

que o trouxe. O avião desgovernou-se, caiu no mar e ninguém se salvou. Mal comparando, a democracia também não é invenção nacional, mas os políticos são brasileiros.

A questão não se limita a levantar voo e descer, problemas a serem resolvidos na hora pelos pilotos. Diz respeito à própria viagem. Haverá tempo para Lula acionar as turbinas ao contrário, depois de ter arremetido com tanto ímpeto (e tanto resultado) rumo ao sucesso (por falta de melhor) neoliberal? A estabilidade está aí com todo o seu potencial de instabilidade, de fora para dentro, sem prejuízo dos demais insucessos, como os juros altos, o desemprego e os velhinhos.

O equilíbrio brasileiro com Lula foi pagamento de luva ao mercado mas a esquerda do PT entendeu que era a última prestação. Os insatisfeitos de esquerda, no entanto, entenderam que, na oportunidade certa, Lula mandaria às urtigas o FMI e conexos, para retomar o rumo da História.

A esta altura todos querem saber é se Lula tem condições de dar uma na ferradura, depois de ter dado a primeira no cravo.

Sabido que o ponto de retorno (se é que existe) ficou para trás, só resta ao presidente pegar o microfone e recomendar, como última prioridade, que todos apertem os cintos, e boa viagem. Seja o que for possível.

A IMAGEM
(30/11/2003, JB)

Toda hora aparece alguém para repetir que uma boa fotografia diz mais do que mil palavras. Mas não são todas, só as excepcionais. Imagem entra pelos olhos e faz cabeças. Muitas vezes o encanto não dura 24 horas. A imagem que se forma sem se perceber, para uso coletivo, é esculpida pela mão do tempo.

Quando a imagem se amplia à dimensão de governo, reflete interesses legítimos socialmente diversos. Ao se aproximar do primeiro ano, o governo Lula nem se incomoda com a falta de imagem consolidada, embora alguns sinais genéticos já sejam reconhecidos. É evidente que falta ao presidente temperamento para despachar papéis. Lula é um ser oral em tempo integral. Se não tiver interlocutor, fala sozinho e nem dá pela coisa. Aproveitou bem o saldo dos mandatos sindicais. Não se intimida com o tamanho nem com a qualidade da plateia. Não toma conhecimento do que não importa.

Mas a imagem do governo do PT não é feita apenas com o jeito de Lula para persuadir os predispostos à esquerda e ganhar tempo e confiança dos indispostos à direita.

Não há tempo, até as comemorações do primeiro aniversário, para a imagem do governo estar consolidada. Não faltará oportunidade. O presente de aniversário da oposição pode ser a imagem para escoltar o presidente como sombra, desconfortável de vestir e difícil de descartar.

No seu tempo, Fernando Henrique disfarçou bem, no primeiro ano, o temperamento inclinado à hesitação. Engrossou a voz e negou a plenos pulmões. Demorou mas se firmou. Tudo que fazia (ou deixava de fazer) era interpretado como sinal de ambiguidade e indecisão. Conviveu com a imagem até que decidiu romper. Conseguiu. No final, reagiu à maneira... hesitante dos moderados por natureza.

Lula também não gostava de ser visto como parece, porque a imagem que fez dele próprio não coincide com o juízo de valor que os cidadãos (inclusive uma boa parte dos que sufragaram) fazem dele. A dele lhe parece mais própria. Completado o primeiro ano, a imagem do governo Lula terá de ser trabalhada como prioridade de praxe no seu governo, porque um governante sem imagem é mais ou menos como alguém sem sombra. Os ingredientes para ereção da imagem de Lula continuam à disposição dos oposicionistas interessados em deixá-lo em situação desconfortável. Os eleitores de má vontade não perdem tempo com coisas maiores. A sorte é que até agora Lula tem sido melhor que a imagem em elaboração coletiva desde o primeiro dia no planalto.

Lula dá mostra de menos tosco que parecia. O que o radicalismo sindical disfarçava em firmeza virou tolerância na operação de governo. O presidente, ao contrário dos candidatos que foi, é conciliador e faz exercício de paciência. Finge, e bem, intransigência quando negocia. É assim que responde ao temor (manifestado antes em certa camada da sociedade) de que um dia se elegesse. Elegeu-se e não aconteceu o que os adversários temiam e os companheiros reclamam como prioridade. Se queriam mesmo governo com o pé na tábua, vão querendo porque não terão. Revolução só por outros meios. Pelo voto, só eleição.

O vasto material de construção diária da imagem do governante de repente se impõe como escultura aos olhos de todos os governados. Mas ninguém sabe dizer quando se forma a imagem em caráter coletivo. Como presidente, Lula ainda está em fase de formação de imagem, enquanto que Fernando Henrique, por uma lei geral que favorece todos os ex-governantes, beneficiou-se imediatamente da perda do poder: perdeu a preferência dos adversários. Sem perder as qualidades que o internacionalizaram, o ex-presidente ficou politicamente com as dívidas externas e interna na sua conta histórica. A imagem está em franca, embora lenta, recuperação dos aspectos menores associados ao neoliberalismo. Foi, aliás, o que o incompatibilizou com a parcela da classe média que fez pender a balança eleitoral para a candidatura Lula. A imagem do ex-presidente é ícone de neoliberalismo. A leitura que ficou de seu governo é a repetição daquela frase que adquiriu o sentido perverso segundo o qual deveria ser esquecido tudo que escreveu antes. Não adianta explicar, e parece que Fernando Henrique desistiu. No futuro valerá o escrito, quando o que deixou de ser feito se explicará por si mesmo. E, do que tiver sido dito, o que sobrar estará nos manuais de História. Ou *não*.

RADICALISMO DESPACHADO
(07/12/2003, JB)

Mais fácil escapar de prisão de segurança máxima do que livrar-se de imagem pública estabelecida. Para escapar da segunda hipótese, Lula precisará de resultados mais duráveis do que a vida útil dos matutinos nos quais comparece pontualmente antes do almoço. Na primeira hipótese, de que não se cogita, consegue-se no varejo, a bom preço, conivência indispensável. Compra-se para não ficar devendo favor. Já a imagem pública exige operações no atacado. Há gente por toda parte. Impossível comprar toda a opinião pública no atacado inteiro.

O velho liberalismo passou na lavanderia de lavar a seco e voltou com aparência de novo. Mas, se é novo, não pode ser liberalismo. A partir de 1930 os liberais foram os que não podiam deixar de ser. Situaram-se a igual distância de todos os exageros. Por imagem (olha aí) e convicção (não olha, não) pouco tiveram a oferecer. Sobreviveram por amostragem.

Em 1945, quando tudo recomeçou aparentemente do zero,[18] a maior ofensa em política era chamar alguém de liberal. "Liberalão" ficou sendo o superlativo de liberal. Assim se explica como o Brasil, sempre à deriva para a direita, dispensou a necessidade de direitistas matriculados. Depois dos militares, então, só se encontra gente de esquerda. Exceção, igualmente tardia, foi a declaração presidencial de Lula, segundo a qual nunca foi de esquerda. Antes tivesse sido. Podia variar o grau de esquerdismo, mas o gênero garantia o monopólio na praça. O neoliberalismo veio, assim, a ser o relançamento tardio da moda que saiu de moda.

A vez é de Lula, que encurtou o caminho quando, de viva voz, com a tranquilidade de quem nada deve, deixou público que nunca foi de esquerda. De direita, nem precisa dizer. Liberal, muito menos. Ninguém é. Lula pode acabar, se não se cuidar, é no quadro de honra do neoliberalismo continental, porque é comprovado que a imagem não é o que se quer, e sim o que os demais querem que seja. Foge-se de prisão de segurança máxima em Bangu (não é o caso), mas não de imagem pública. É o caso.

Um dia se saberá com exatidão onde começa a se formar a imagem de governo, embora seja legítimo vasculhar antecedentes na campanha eleitoral e confrontá-los com os atos. O governo Lula parece estar naquele ponto em que não se sabe ao certo se ficou reconhecível no que disse antes de chegar lá e esqueceu depois que chegou. Ou no que prometeu de pedra e cal, mas não entregou. Não é muito o que tem a oferecer na prática, fora ele próprio, claro.

---

18 O Presidente Getúlio Vargas foi deposto. Tendo chegado ao poder com a Revolução de 1930, Vargas governou o País de forma contínua por 15 anos. Seu primeiro governo foi dividido em três momentos: Governo Provisório 1930-1934; Governo Constitucional 1934-1937; e Estado Novo 1937-1945. Em 1951 retornou à presidência, desta vez pelo voto popular.

Com o que tem feito, Lula não podia ter amealhado seu eleitorado nem conquistar os votos que fizeram a diferença. Conquistou o eleitorado que lhe faltava – não só com o que dizia antes em tom azedo – ao longo de três campanhas presidenciais. Nada o impede de cansar-se do presidencialismo. O segundo mandato é irresistível. Parlamentarismo sem compromisso, da boca pra fora. Seus antecessores confessaram.

Ao eleitorado de esquerda Lula continua devendo. Na hora de pagar a dívida da vitória, a conversa ficou diferente. Deu adeus ao radicalismo pra começar. Depois, passar bem.

Fixaram-se em torno dele duas tendências entrelaçadas pela proximidade da vitória. A radical e a moderada. Mas, no momento de acertar as contas, nada feito. Vencer era prioridade. Depois, festejar. Foi perfeito o papel de Lula. Somou a confiança dos que queriam mudar para melhorar (de vida) com a desconfiança dos que queriam mudar sem piorar (de vida).

Era inevitável, mais cedo ou mais tarde, o choque para acomodar contradições. Foi mais cedo e ficou entendido que era melhor para o governo. O governo do PT não poderia agradar à direita e à esquerda, e contar com o centro. Um ano de governo já vai fazer sem o ajuste entre os que insistem em mudanças para melhorar e os que admitem modificações, mas sem piorar. É que as mudanças que melhoram para uns, pioram para outros. O equilíbrio é a arte da conveniência. O fato é que, para se eleger, o candidato Lula negociou com o diabo a alma eleitoral, que é a sua própria natureza democrática. Não fez mau negócio. Para eleger-se, valia tudo. Se não houver segundo mandato, o diabo pode levá-la. Mediante recibo. Lula não entregou em mãos ao intermediário senão o que havia dito – e que nunca o levou à vitória – nas três oportunidades perdidas antes. Ao diabo o radicalismo.

SE TENTAR, SERÁ O DESASTRE
(25/04/2004, JB)

Financeiramente correto a quem vê de longe, como espectador, mas politicamente insatisfatório aos olhos dos eleitores que ocupam o melhor lugar no espetáculo empresado pelo PT – é assim que o Brasil se apresenta, um ano e quatro meses depois, para enorme desgosto do presidente Luiz Inácio Lula da Silva.

Os sinais emitidos desde a primeira candidatura, na primeira eleição direta, deprimiram as comemorações do aniversário do governo Lula. O mal-estar decorreu do princípio infalível que a democracia adotou por falta de melhor. O vencedor é quem recebe mais votos dentre as pretendentes. E a diferença destina-se a fazer face ao prejuízo que o tempo debita aos governantes, quando do prometido em campanha se deduz o cumprido no governo.

Lula esbanjou votos e expectativas no primeiro ano, mas não se lembrou do conselho da Light aos usuários de energia: sabendo usar, não vai faltar. Lula não controlou o consumo.

O presidente recebia ovações matinais e no fim do dia as pesquisas o louvavam. Hoje o olhar presidencial está cansado do espetáculo que não começa. Quem sintoniza nas ondas pessimistas pode reparar que o presidente não é o mesmo. Deixou de ser um e não se encontrou no outro, até agora.

 Não podia pagar o que prometeu, por três vezes, aos que não o elegeram e falhar com os que resolveram o impasse nas urnas. O caso mudou de figura na quarta e última oportunidade. Como as pesquisas garantiam a vitória, o governo ficou com as duas tendências e tornou-se ambidestro. Daí a confusão de sentimentos.

 Há indícios de esgotamento da paciência presidencial. Principalmente com os radicais que querem passar já à ação. Mas Lula é mais da palavra. Esta semana ele pediu aos radicais, com bons modos, bom senso, que Descartes considerava a mercadoria mais bem distribuída no mundo. Tanto que ninguém reclama de ter cota pequena. Os que estão descontentes com o governo Lula não podem ser ressarcidos, porque não existe devolução do voto. A democracia não devolve mercadoria que não atenda à conveniência do freguês. Ainda não se fez da democracia bem durável, como os eletrodomésticos, feitos para vida efêmera. Duráveis enquanto são pagas as prestações. Lula está certo. Custa pouco recomendar bom senso. Tem razão, não porque a razão esteja com ele, mas porque é governo. Da mesma forma que o presidente muda mas tudo continua como estava, exceto na aparência. O instinto vale mais do que a ciência política. Não é privilégio de governo prometer uma coisa e fazer outra. A oposição também é assim. Lula pode reconhecer que, quando nada, aprendeu que não se deve ir tão longe que fique impossível voltar. Já deve ter percebido que não tem volta também na guinada levemente à direita, que lhe valeu a vitória. Se tentar, será o desastre.

 É mais fácil retroceder da esquerda do que da direita. Aprender com os próprios erros pode ser saudável mas tem custos, sobretudo eleitorais. Quanto menos errar, melhor.

Erros alheios custam menos e rendem mais. Pedro Nava vivia repetindo que a experiência tinha tão pouca serventia quanto espelho retrovisor. Só serve para fazer marcha a ré. Assim como não se troca de comando no meio da batalha, também não se altera programa de governo no meio do mandato.

Sinais de irritação presidencial estão sendo captados, analisados e processados com rigor científico, sem tirar o olho do mercado. Democracia real é assim mesmo: reproduz a mesma sensação de carregar água com as mãos em concha. Depois de aconselhar os sem-terra, esta semana Lula viu entrar em cena novos personagens, esses sem-teto que querem casa e não bom senso. O país tem terra demais e casa de menos.

Os sem-terra e os sem-teto são farinhas, mas de sacos diferentes. As reformas em que o Planalto se empenhou e que o Congresso digeriu com estômago de avestruz podem ser comparadas ao tonel das Danaides, que foram condenadas a encher um barril furado. Era castigo para toda a eternidade. Político, no entanto, pensa a curto prazo. O prazo é a eleição.

Por sua vez, o antigo Lula sindical fazia lembrar o castigo de Sísifo, condenado por Júpiter a empurrar morro acima uma enorme pedra, como punição por ter enganado a morte. Quando estava quase no topo, a pedra fugia ao seu controle e voltava ao pé da montanha. Tarefa sem fim e sem objetivo. Felizmente para Lula, a mitologia fica mais em cima.

CONVERSA DE BOTEQUIM
New York Times vs. Lula
(16/05/2004, JB)

Bebidas são problemas republicanos hereditários. Desde Roma, pior do que não aprender a beber é não saber governar. Não é o caso: o presidente Lula conseguiu dar um tiro no pé por susto. Mirou o repórter americano mas o efeito político recaiu com estrondo sobre o governo.[19] E fez um estrago do qual apenas a oposição se saiu bem, na defesa do presidente na primeira fase. Os tempos modernos preferem governantes descartáveis a soberanos, que ficam fora

---

19 Em 09 de maio de 2004, o jornal americano *The New York Times* publicou reportagem com o título "Hábito de bebericar do presidente vira preocupação nacional", na qual apontava os supostos excessos alcoólicos do Presidente Lula como ameaça para seu governo. Em resposta ao que considerou difamação, o governo chegou a suspender o visto do jornalista Larry Rohter, autor da reportagem. Após mais de uma de semana de enorme polêmica e repercussão internacional, o ministro da Justiça Márcio Thomás Bastos, considerou as explicações do jornalista e revogou a portaria que havia cassado o visto de permanência do correspondente no país, dando fim ao episódio.

do alcance do voto direto do cidadão. Entre nós, Pedro I foi femeeiro irrecuperável mas dele não se sabe a respeito de bebidas. Mulher e bebida são especialidades autônomas e incompatíveis. O toque romântico do século XX ficou por conta do rei Eduardo VIII: desistiu do trono inglês pelo amor de uma mulher com quem não poderia casar-se, por ser divorciada. Por isso ou por outra razão, apegou-se a bebidas à margem da história.

Winston Churchill, também inglês, foi a mais valiosa figura de estadista do seu tempo. Bom de frases e de copo. Uma garrafa de conhaque ou de uísque, por dia, sem prejuízo do seu desempenho. Discreteando a respeito de bebidas, um ilustre interlocutor disse que se sentia 100% bem sem beber. Churchill deu o troco: bebia e sentia-se 200% bem.

No Brasil, Jânio Quadros – antes, durante e depois de passar pela Presidência da República – era carinhosamente citado como amigo fiel de bebida forte. Nunca, em qualquer dos níveis de governo que exerceu, se sentiu ofendido por ser lembrado como amigo de *eau de vie*, mesmo na versão nacional. Qualquer uma, fermentada ou destilada, o atendia. Certa vez queixou-se ao repórter Joel Silveira da ressaca que o acossava naquela manhã. Logo de uísque, que honrava com a sua lealdade. Ocorreu a Joel perguntar se já havia indagado ao uísque se também gostava dele. Jânio considerou boa a ideia e observou: 'Como é que nunca me lembrei disso?'

JK sofreu nas mãos do udenismo mais jacobino. Em mesa em que estivesse, desde o tempo de prefeito de Belo Horizonte, não ficava garrafa de água mineral ou guaraná. Juscelino apreciava com prudência uma taça de champanha. Uísque só se fosse para ocupar a mão. Relacionava-se apenas socialmente com bebidas. A verdade é que ninguém pode dizer, em sã consciência, que a bebida represente risco para a democracia, mesmo no Brasil. Um mandato eletivo – em especial o de presidente – paira acima de tudo. Com maioria absoluta, então, nem se fala.

Falava-se, e vai-se continuar falando, é que o presidente Lula é bom de copo. E nacionalista até a última gota, com preferência pelo produto nacional. Mas o destilado é o pedestal do bom bebedor. O eleitor admira quem sabe beber. Não é por beber ou deixar de beber que a reeleição de Lula estará em questão. Assim que for possível, convém fazer um brinde à liberdade de imprensa. Só pode ter sido equívoco o que se passou.

A responsabilidade pelo episódio foi assumida pelo *The New York Times*, antes que a repercussão provocada pelo Planalto desse a volta ao mundo e desembarcasse no Brasil. Houve quem contraísse dívida a perder de vista com declarações para agradar Lula, mas impensadas. Escorregaram na maionese. Fez lembrar a votação do AI-5, que nada teve a ver com a democracia.

Governante beber em momentos de depressão política faz parte do jogo. O ato de beber, como avião que chega na hora, não é notícia. A bem da verdade, a oposição – por outras razões – também não faz da abstinência um compromisso. Na República Velha, de colarinho alto, bebia-se e fazia-se retórica com mais pudor. Na segunda metade do século XX, o general Góis Monteiro, com preferência pelos destilados, no exercício do mandato de senador (por Alagoas, seja lembrado), pedia ao garçom que lhe servisse no plenário, em xícara de chá, uísque da mesma cor. Roberto Campos, sempre na mira dos estatizantes em geral e dos nacionalistas em particular, para não dar argumentos aos adversários, não se deixava ser visto na televisão nem com copo de água mineral que contivesse cubos de gelo.

Nos bons tempos sindicais, Lula tinha boa reputação junto aos destilados fortes. Mas era nacionalista. Não confirmou, depois de eleito, o receio de uma guinada entreguista em matéria de destilados.

Alguém precisa defender e honrar o produto nacional. Não consta que o presidente tenha perdido o prumo ou a voz. Nem se apresentado com o cocar, que é símbolo político entre os índios. Nem que tenha levantado brindes com o cauim.

É OUTRO E PARECE OUTRO
(06/06/2004, JB)

A dificuldade de entender o que realmente se passa, tanto bate no governo na ida quanto alcança a oposição na volta. E pode ser creditada à falta de jeito com que um e outra desempenham suas atribuições. Pela demora dos resultados, o presidente e o seu partido não podem interromper a faina diária para elaborar explicações convincentes. Trocam de roupa nos breves intervalos. Já a oposição desafinada comporta-se como estrela de opereta fora de moda.

Provavelmente governo e oposição ainda não se deram conta de que continuam fora de sintonia com a opinião pública. Ninguém esperava de um e de outra a repetição do que faziam quando ocupavam o lugar trocado. O presidente Lula age como se nunca tivesse dito o que dizia, nem proposto o que sustenta pelo avesso. E a oposição não esperava por isso.

Os eleitores também não se sentem em condições de entender a situação. Houve quem votasse em Lula com alguma reserva. O fato é que o candidato já não era o mesmo quando saiu para a quarta tentativa. Fez exigências aceitas, digamos, em consignação pelo seu eleitorado. As novas propostas valeram como senha. Elegeu-se e deu o segundo choque: reafirmou tudo. A hora da verdade podia esperar. A conversa mudaria de tom mas continuou a mesma. Ganhou tom de pedido de desculpa às matrizes internacionais encarregadas de distribuir legitimidade aos governos. O velho eleitor de Lula começou a desconfiar de que havia mais conversão do que tapeação. No fundo, acreditou que a retificação viria. Questão de oportunidade. Mas a oportunidade não se apresentou.

Os petistas históricos esperavam que não fosse para valer. Ou não durasse mais do que o necessário. Firmaram-se na divergência e foram advertidos. Pagaram para ver e quatro foram para o olho da rua.[20] A última ilusão é a velha certeza de que o capitalismo não tem cura. Tem crises periódicas para as quais só há paliativos. A oposição não parece interessada na crise da economia de mercado. Bastam-lhe as dificuldades do governo, excluída a de governabilidade. Lula pode contar com ela, se a situação piorar. A oposição só tem olhos para as eleições deste ano.

Está sob observação o eleitor que não votava em Lula, mas fez a diferença a favor dele na quarta candidatura. Ficou confirmado que, ao contrário da mulher de César, o presidente é outro, e não apenas parece outro. Os que nada

---

20 Em dezembro de 2003, o Diretório Nacional do PT havia expulsado do partido a senadora Heloísa Helena (PT - AM) e três deputados, Luciana Genro (PT – RS), João Batista Araújo, "Babá" (PT - PA) e João Fontes (PT - SE). O grupo, que já vinha realizando duras críticas à condução da política econômica do governo, foi expulso após desobedecer a decisão do partido e votar contra a reforma da Previdência, em curso no período. Os parlamentares "rebeldes" criaram uma nova legenda, o Partido Socialismo e Liberdade (PSOL).

de bom esperavam dele continuam insatisfeitos com o que viram até agora. Não acreditam que Lula venha a ser a bonificação divina da economia de mercado. E desconfiam da duração do temor reverencial ao FMI e do efeito calmante do consenso de Washington.

Desconfia-se de que a velha corrupção afofada por gente nova no pedaço oficial está aí mesmo para servir e servir-se. A confusão propagou-se no vácuo de resultados que boas intenções e ideias generosas não substituem. O governo virou-se para o passado à procura de antecedentes e impressões digitais oposicionistas nos costumes. Lula passou a duelar com o fantasma de Fernando Henrique em cenas shakespearianas de cinema. Torneios entre entes de superstição não rendem politicamente. Não há memória de alguém que tenha sido eleito (ou reeleito, tanto faz) às custas de governos anteriores. A dinamização do governo Lula, com a retomada das viagens ao exterior, deu resultado imediato. Reduziu o débito político, assim como despersonalizou o passado. No café matinal com os ouvintes do rádio, ele disse que a economia brasileira está estagnada há 20 anos. Só faltou botar a culpa na democracia, mas esta tem costas largas.

Em seguida o presidente abriu as asas à frente de numeroso bando (será este o coletivo apropriado a empresários?) de rastreadores de negócios da China. Lula fez bem em acentuar seu perfil de Marco Polo, se bem que seus antecessores José Sarney e Fernando Henrique tenham faturado chinesices inconsequentes. Todos fotografaram-se junto à grande muralha. Nem tudo está perdido. A política externa volta a ser a menina dos olhos com que Lula vai namorar a História, que flertou também com Sarney e Fernando Henrique, depois de ter sido caso famoso de Jânio Quadros.

Foi, aliás, o sucesso e a perdição de Jânio, em relação a quem já vão sendo assinaladas observações sobre as coincidências com Lula, mas no bom sentido.

Ambos vieram para o plano federal graças a São Paulo, de olho em algo superior como a moralidade pública, a industrialização e a política externa independente. Por acaso (ou não?), Jânio e Lula são da categoria de paulistas que nasceram fora de São Paulo. Tantas coincidências fazem pensar. Nasce o temor de que as semelhanças não sejam apenas fortuitas. E não falta quem entenda que a eleição de Lula tem a ver com o que aconteceu há 43 anos e nunca foi bem explicado.[21]

---

21 Alusão à renúncia de Jânio Quadros, em agosto de 1961.

DE LULA A LULA
(16/07/2004, JB)

Um ano e meio não autoriza a História a arriscar juízos de valor a respeito de um presidente preparado para disputar eleições, mas não para o ofício de governar. Para isso faz estágio. Nesse meio tempo, opinam os do ramo. Quando nada, o governo Lula não correspondeu ao medo de que metesse os pés pelas mãos. Não desequilibrou o processo democrático brasileiro e desapontou principalmente os apressados que leram errado nas estrelas a hora de guinar à esquerda.

A grande contribuição de Lula ficou sendo esta: não disse a que veio, mas não contrariou, por enquanto, senão os seus companheiros de jornada. Viabilizou sem alarde a vitória da esquerda para inaugurar o século. E ainda sustentou com galhardia, como se fosse novidade (e pelas mesmas razões), aquilo que seu antecessor implantou com pompa e circunstâncias práticas. A estabilidade.

O resto tem sido tentar em vão convencer o eleitorado tonto com a inversão de mão que não teve escolha. Era fazer ou deixar de fazer. Foi assim também com Fernando

Henrique, em cujo governo ocorreram a adoração da moeda estável pela classe média e a redescoberta do consumo. Graças à paridade cambial, o dólar anunciava o paraíso enquanto o socialismo agonizava na praia. Mas o mundo ficou maneta depois que perdeu a esquerda e opera com a mão direita a redução do Estado.

Mas a História também escreve direito por linhas tortas. Com seis meses de governo Lula, para irritação presidencial, ficou menor a diferença entre o governo que saiu e o que entrou.

Vitória eleitoral daquele porte, porém, nunca vem sozinha. Está sempre abarrotada de oportunistas. Deu trabalho a acomodação de estranhos no ministério. Mas Lula foi uma revelação na arte de compor a fachada, sem perturbar o sonho da sociedade. Ponto para Lula.

O presidente teceu o consenso em torno das preciosas reformas e ficou mais uma vez combinado que elas seriam aprovadas. Muita gente, não podendo mudar o passado, trocava de partido enquanto se compunha a maioria parlamentar com a diáspora dos hospedados em legendas de aluguel. Coube ao PT abrir a temporada de insatisfação com o governo, mas pagou caro.[22] Alguns desertaram, isto é, voltaram, etimologicamente, para o deserto de homens e das ideias que é o Brasil na definição de Osvaldo Aranha.[23]

---

22 Expulsão da senadora Heloisa Helena e dos deputados, Luciana Genro, João Batista Araújo, "Babá" e João Fontes, em dezembro de 2003.
23 Osvaldo Aranha (1894-1960). Advogado, político aliado de Getúlio Vargas. Ocupou os Ministérios da Justiça, Fazenda e Relações Exteriores. Presidiu a II Assembleia Geral da ONU, quando foi criado o Estado de Israel (1947).

À mão, em caso de dúvida, está o fato de que o governo Lula não confirmou o temido risco de instalar (por hábito e metodologia) um processo revolucionário que é muito mais difícil na teoria do que na prática. A teoria finge que não vê a barganha da ideia de revolução pelas vantagens do poder. Está longe de ser por acaso que boa parte do PT, devidamente alocada na administração federal, se curou da febre revolucionária e passa bem. O poder cura doenças infantis do esquerdismo, mas não vacina contra moléstias como alergia pela liberdade de informação a seu respeito.

Também não é por acaso, nem razão do coração, que José Dirceu vai deslizando, passo a passo, rumo ao comando político como quem não faz questão, quase a contra-gosto. Enquanto contou com ele, o governo Lula teve centro de gravidade. Depois entrou em parafuso. Com a retirada de Dirceu, o governo entrou numa crise de labirintite que parecia sem fim.

Lula viu na posse do novo diretor da Agência Brasileira de Informação a oportunidade de denunciar o denuncismo que é, sem lapidação, o dever de levar a público irregularidades dentro do governo. O presidente desancou também o vazamento de informações que não estão maduras para serem oferecidas: "Assistimos pela imprensa a figuras deformadas por informações precipitadas", "nomes achincalhados", e depois "não se prova nada e ninguém pede desculpas pelo estrago".

Lula falou como se fosse vítima mas foi, enquanto esteve na oposição, beneficiário privilegiado da epidemia de trazer a conhecimento público tudo que parecia corrupção. Não precisa ser, basta parecer. Ele não tem do que se queixar, nem antes nem depois de se eleger.

Quanto aos vazamentos, é questão interna de governo, a ser resolvida entre quatro paredes cheias de ouvidos. Se tem algo a esconder, culpe quem falhou e não quem publicou. O medo da informação é contagioso e deve ser tratado aos primeiros sinais. Que se cuide o presidente das informações de fora para dentro do governo, das quais se ocupa a Abin[24] desde quando atendia por outro nome.

---

24 A Agência Brasileira de Inteligência foi criada por lei, em 1999, durante o governo do presidente FHC. O órgão foi precedido pelo SNI (Serviço Nacional de Informações), extinto em 1990.

PARTE II
O VÍCIO

DIPLOMACIA ÀS AVESSAS
(15/08/2005, JB)

Lula perdeu a oportunidade de nocautear a crise com um trocadilho histórico. Afinal de contas, entre Luiz XV e Luiz Inácio Lula da Silva só há em comum o prenome. Tudo os separa. "Depois de mim, o dilúvio", advertiu (e se divertiu) Luiz XV (há quem atribua a iniciativa à Pompadour, mas na segunda pessoa do plural). Os fatos deram-lhe razão. As pessoas de fino trato preferem citar Luiz XV no original francês, mas Lula, mesmo em português, podia pegar carona. Depois dele, podia ser pior. Oradores oposicionistas no mundo inteiro ainda se valem do bordão de Luiz XV para assustar governantes incautos. Governantes, mesmo cambaleantes, preferem acreditar que a História não se repete nem como farsa.

Na contramão da História, Lula esqueceu de repetir o xará francês – caberia "depois de mim, o Delúbio"[25]. Não

---

[25] Delúbio Soares, tesoureiro do Partido dos Trabalhadores desde 2000, foi acusado de ser um dos líderes do esquema de compra de votos que ficou conhecido como "Mensalão". Foi expulso do PT em 2005, e condenado a oito anos e 11 meses de prisão, no julgamento da Ação 470, em 2012.

disse, não pensou, não aconteceu. O tesoureiro do PT caiu antes do trocadilho. Ninguém tem melhores razões do que Lula para encher o peito e esvaziá-lo de cima de palanques eleitorais. O atarracado presidente do Brasil sobe nas tamancas para improvisar e põe qualquer boné na cabeça, mas não usa salto Luiz XV. Salto alto não é republicano como, de resto, nem o espetáculo proporcionado pelo PT.

Depois que o pior tiver passado, se é que passará, Luiz Inácio será lembrado no futuro (que vem a galope) por não ter percebido, de cima dos palanques, os perigos de utilizar variantes do dilúvio: "independentemente do que aconteça daqui para a frente" e "candidato ou não" ficaram no ar à espera do resto. Mas o resto foi mais de sindicalista que de estadista. No fim do primeiro ato, desembarca em Brasília o presidente da Venezuela. Veio retribuir a visita de Lula a Caracas, quando Hugo Chávez estava cai não cai. Diplomacia às avessas.

Acontece, porém, que o tesoureiro do PT, metido a ministro das Finanças "por fora", ficou para trás, perdeu o emprego no PT e Lula, premonição à parte, nomeou-o coveiro oficial do seu governo. Até que as urnas digam se realmente o brasileiro tem o governo que merece, a oposição consome paciência. "Depois de mim, o Delúbio, antes de mim o Waldomiro"[26]. O presidente erraria na previsão

---

26 Waldomiro Diniz era assessor da Casa Civil e foi *pivô* da primeira grande crise do governo Lula, quando, em fevereiro de 2004, foi acusado de negociar propinas com empresários do ramo de jogos. A imprensa havia divulgado um vídeo em que Waldomiro negociava propina com o bicheiro Carlos Augusto Ramos, o Carlinhos Cachoeira. Em função do caso, o presidente Lula assinou, no dia 20 de fevereiro de 2004, medida provisória que proibia o funcionamento de bingos, caça-níqueis e outras casas de jogos de azar em todo o Brasil.

e acertaria na corrupção: a História legitima farsas com o carimbo marxista.

O maior risco de Lula não é o clínico, como se temia, mas o comportamental. Se botar na cabeça imitação barata da coroa imperial, com aqueles improvisos fora de hora, estará reciclado. É só o que falta. No escambo, pagou a eleição com o lastro da esquerda petista e ficou prisioneiro da dívida que já está maior que o superávit primário. Quanto custaria a reeleição?

O presidente calculou que a metade de seu governo vale por um inteiro, e já é o melhor do período republicano. Em plena desconstrução democrática, graças às CPIs – essas empreiteiras de demolição política – tratou de responsabilizar a oposição e sair da ociosidade, mãe de todos os vícios (inclusive os políticos). E, como se sabe, mãe é mãe. Lula agora só se apresenta sindicalmente correto, a voz rouca, olhos injetados e regados a lágrimas de candidato que está ali para inaugurar até obra que não saiu do papel.

O Brasil crescia durante a noite (enquanto o governo dormia). Agora, enquanto o Brasil crescia e o presidente Lula esticava as pernas lá fora, José Dirceu[27] incluiu republicanamente na Casa Civil o exercício das funções de primeiro-ministro. É candidato (a alguma coisa) em alta. Antes a Casa Civil que a militar, lembrariam os antigos.

---

27 José Dirceu deixou a chefia da Casa Civil, em junho de 2005, após ser acusado pelo deputado Roberto Jefferson, do PTB, de comandar o "mensalão", esquema de repasse de recursos a deputados em troca de votos. Dirceu retomou seu mandato de deputado federal com intuito de se defender, mas foi cassado pela Câmara, em dezembro do mesmo ano. Foi julgado na Ação 470, em 2012 e condenado a 7 anos e 11 meses de prisão.

LULA E O PRINCÍPIO DE ARQUIMEDES
(08/05/2006, JB)

O PT chegou ao governo esfalfado, com três derrotas no lombo, mas entendeu, rapidamente, que a via eleitoral politicamente correta tinha algum desconforto ideológico, mas não derrapava nas curvas e era incompatível com a alternativa revolucionária (ainda que apenas subentendida). Tudo passou a depender da coincidência entre as famosas e escassas condições objetivas e subjetivas, sem as quais a História empaca. O PT foi em frente. Passou por cima das concessões teóricas sem dar explicações. Ao eleitor, ainda basta o voto.

Ficou subentendido que se iniciava com a eleição de Lula um parêntese que se encerraria tão logo fosse possível. Um hiato histórico consentido. O PT admitiu que tão cedo não porá mãos à obra socialista. Um toque social tornou palatável o que para todos os efeitos não passaria de efêmero neoliberalismo na moda, sem nada de novo a acrescentar ao velho que saiu de moda. Mas o fato foi que Lula se tornou bem sucedido.

A crise exerceu sua precedência natural sobre a sucessão presidencial até que o próprio Lula chegou ao fundo do poço nas pesquisas, e começou a subir graças ao princípio de

Arquimedes, segundo o qual todo corpo mergulhado num líquido (no caso, as pesquisas) recebe, de baixo para cima, um impulso igual ao peso do volume deslocado. Já era tempo de os petistas se distanciarem das dificuldades para explicar como, porque e quanto em dinheiro não contabilizado tinha corrido nas relações entre majoritários. O costume era generalizado. O presidente passou a ver com outros olhos o mundo à medida que a sucessão veio se aproximando.

O pior da crise passou sem que o PT tivesse acertado as contas que a ética lhe cobrava de maneira desaforada. As cabeças teóricas providenciaram uma versão para as circunstâncias quando Lula se declarou apunhalado pelas costas e ainda sangrava, como na cena da morte de César no Senado de Roma, sem a mão de Shakespeare para eternizá-la. A sucessão passou à frente da crise, o PT pediu concordata preventiva ao mensalão e, sem ceder à superstição, realizou o 13º Encontro Nacional do qual saiu com a consciência em franca recuperação, depois de estabelecer que as punições dos negligentes dirigentes e representantes – os que sacaram contra a honra e o mensalão geral – podiam perfeitamente ficar para melhor ocasião (depois da eleição, evidentemente).

Há muito futuro pela frente, e o passado continua perto demais. Um de cada vez. Primeiro a reeleição, depois a depuração. Aplicar o método do Termidor agora equivaleria a ceder o mando de campo à oposição. Seria o mesmo que os jacobinos dessem aos girondinos a responsabilidade histórica. Nem pensar. Depois será diferente. Se Lula for reeleito, o episódio se esvaziará de importância política na nova situação. Se perder, muito mais. Afinal, o Brasil queria ética e o PT, para atendê-lo, prometeu que os seus não roubariam nem deixariam roubar. Falhou na segunda parte mas a primeira dá para argumentar. A oportunidade deixou escapar a solução ética e contentou-se com a solução política, depois que o PT se refugiou na reeleição.

Ao assinar a Declaração de Chapultepec[28], Lula sentiu o espírito de Milton Campos[29] baixar no ato e desautorizar aquela versão de Leonel Brizola, segundo o qual o PT era a reencarnação da UDN vestida de macacão. Um repórter perguntou a Milton Campos, quando ministro da Justiça, a razão do insucesso eleitoral de candidato da UDN e captou na fonte a explicação insofismável e definitiva: o candidato adversário tinha obtido mais votos.

Por aí, esse novo Lula vai mais longe do que pela via alternativa que o levou à presidência. Lula declarou – ainda bem que não falou de improviso – que era devedor "à liberdade de imprensa do meu país o fato de termos conseguido, em 20 anos, chegar à Presidência da República", apenas adernando à direita depois de três insucessos pela esquerda. No estilo de assembleia sindical, desafiou a se apresentar jornalista ou dono de jornal que tenha ouvido dele, "em algum momento", reclamação por ter perdido. A importância do que disse, mesmo que não tenha percebido, atribuiu-lhe uma

---

28 A Declaração de Chapultepec é uma carta de princípios sobre a liberdade de expressão assinada por chefes de estado, juristas e entidades ou cidadãos comuns. O documento foi adotado pela Conferência Hemisférica realizada em Chapultepec, na cidade do México, em 11 de março de 1994. O compromisso foi assumido pelo Brasil quando o ex-presidente Fernando Henrique Cardoso assinou a declaração em 9 de agosto de 1996. O presidente Luis Inácio Lula da Silva deu continuidade ao trabalho, renovando o compromisso no dia 03 de maio de 2006.

29 Milton Campos (1900 – 1972) foi um importante jurista, professor e político mineiro. Filiado à UDN, foi nomeado ministro da Justiça e Negócios Interiores pelo presidente Castelo Branco, demitindo-se em 1965, por não concordar com a edição do AI-2.

nova responsabilidade que leva para a candidatura e para a própria reeleição. A palavra dita também não tem volta.

A Declaração de Chapultepec foi adotada em 1994, num encontro de órgãos de imprensa do continente americano, na cidade do México. Lula subscreveu o documento no dia internacional da Liberdade da Imprensa, e soltou o verbo. Fernando Henrique em 1996, Lula em 2006. Algo passa a uni-los por sobre o que os separa desde algum tempo.

LULA E A FOLHA DE PARREIRA
(17/07/2006, JB)

A caminho do Senado, ao passar pelo cego que o havia advertido dias antes dos riscos que estava correndo, César cobrou – "então! chegaram os Idos de Março e nada aconteceu". O adivinho lembrou que os Idos (dias de má sorte) tinham chegado mas ainda não tinham passado. O perigo apresentava-se à parte, em tempo real. Dito e feito: naquela tarde mesmo, na sessão do Senado, César morreu sob os punhais dos conspiradores.

Agosto está a caminho, e qualquer míope no Brasil sabe perfeitamente da carga política do mês em que Vargas se matou e Jânio Quadros renunciou. Nadando em favoritismo nas pesquisas, Lula poderá, no sotaque sindical, esnobar que o Brasil não tem contas a ajustar com o sobrenatural. O passado prescreveu. Foi-se o tempo em que agosto liberava seu potencial de soluções próprias e impróprias (dependendo do ponto de vista). Os pessimistas andam de olho na campanha eleitoral, que está no prazo de garantia.

O presidente ficou impossível em matéria eleitoral e os pessimistas desconfiam que o mês de agosto não é mais o mesmo. A seleção brasileira de futebol não esperou agosto, perdeu em julho. Dia desses, Lula encantou-se com o pessoal da base da pirâmide, que sustenta a achatada distribuição de renda no Brasil. E fez, aos excluídos, agrado social com a dissertação sobre a facilidade de governar aqueles que sobrevivem abaixo da linha da pobreza. Os realmente pobres não dão trabalho, nem têm. Não são inadimplentes, pela elementar razão de que estão abaixo da linha tributária.

Era agradecimento público, mas não precisava o presidente ser injusto com os ricos, que lhe facilitaram o governo e, em retribuição, vão votar nele quantas vezes for candidato. Lula deve ter ensinado aos ricos o que aprendeu com aquela raposa que convenceu Pinóquio a plantar as moedas de ouro para depois colher muito mais na árvore de rendimentos financeiros.

O pessimismo tirou férias quando as CPIs deram em nada, mas reapareceu na Copa quando Carlos Alberto Parreira declarou que não contava com a derrota. Que soberba. Não havia feito uma seleção para perder. Tanto Lula no passado quanto a seleção, em várias oportunidades, aprenderam com o insucesso. Aconteceu em 1950, quando nos três minutos o Brasil perdeu o título mundial comemorado nas ruas desde a véspera. E repetiu-se em outras oportunidades. Não se sabe a razão, nem se houve alguma, mas a sucessão presidencial naquele ano deu a Getúlio Vargas a vitória nas urnas, portadora de uma crise política que, antes de terminar o mandato, viraria pelo avesso o Brasil. Que nunca mais será do mesmo jeito.

Nenhum cego quis fazer ver a Parreira, com antecedência, que a Copa da Alemanha tinha começado, mas ainda não tinha acabado, quando já se comemorava o hexa. Era campeão virtual. A sucessão presidencial está sendo empurrada pelas pesquisas, mas Lula é real. Conseguiu ser discreto na derrota do Brasil mas faltou-lhe a elegância do presidente Chirac, que elogiou a cabeçada de Zidane fora do jogo e recepcionou a seleção francesa com as honras da Marselhesa. Absteve-se de comentário técnico para não ser convidado a resolver os problemas do Coríntians. E, para não ficar nu diante da verdade também nua, cobriu a vergonha com uma folha de parreira, para não aparecer na mídia como Adão desapontado com o papelão de Eva.

Foi um bom lance Lula declarar que a reeleição deve ser recolhida ao cemitério nacional das leis que não deram certo conosco. Ninguém melhor do que ele para propor a aposentadoria, por insuficiência de tempo e desserviço, da reeleição cujo único mérito – além de reelegê-lo – terá sido dar razão póstuma aos republicanos históricos (aqueles que anteviram o desastre com olho mais clínico do que adivinhos cegos). Fica demonstrado, se alguém precisa da prova, que a reeleição não foge à regra: pode ser boa para os EUA mas não oferece garantia ao Brasil.

Gente estranha, esses otimistas. Comemora a derrota como se fosse vitória, mas pelo outro lado. Se a seleção brasileira voltasse vitoriosa, seria muito pior. Durante toda a campanha presidencial, Lula exibiria no palanque eleitoral a seleção como obra acabada do seu governo. Parreira escapou de boa.

DE UM CADERNO DE CONTRADIÇÕES
(27/11/2006, JB)

Há, entre Lula e o PT, menos do que supõe o marxismo de uso corrente. Ou mais do que dispõem os interessados na questão. O que sobrou do socialismo no século XX mal dá para matar a saudade da escola que ensinou muita gente a pensar politicamente. No Brasil, os meios e os fins também se estranham. A tentativa de convencer o eleitor das vantagens do sistema socialista de governo falhou em algum ponto, mas não perdeu a validade. Nem assim se pode deixar de reconhecer que, embora fora de tempo, um partido político e um candidato – o PT e Luiz Inácio Lula da Silva – não se deram por achados e resolveram reinventar a esquerda com valores sobressalentes. Ainda estão no meio do caminho. Duas décadas depois, o PT já instalado no poder, a opção inicial reapresentou-se para complicar o partido e a vida do presidente Lula. Pelo voto ou pela via revolucionária?

Depois de três insucessos eleitorais, Luiz Inácio Lula da Silva, na quarta oportunidade, rendeu-se ao inimigo oculto: só aceitaria se pudesse escolher o parceiro, definir a proposta eleitoral e escolher quem trabalharia com ele. Ganhou a candidatura e a vitória. A eleição levou à reeleição pelo caminho mais curto (o da social-democracia), mas o PT reformou a velha dívida que ficou em seu nome: queria ser o juiz da hora de tirar da gaveta (e aplicá-lo) o programa revolucionário, em que os governos passam e o velho Brasil fica. O presidente recusa-se a trilhar o caminho mais longo, que dá voltas inúteis em torno do poder.

Os petistas acham que o pedágio para chegar ao poder já foi pago no primeiro mandato e o segundo dispensa o ritual invertido (dar dois passos atrás para merecer um à frente). Esta dívida também já está paga pelos juros. Insistem os petistas em manter a opção revolucionária ao alcance da mão. Assim que a democracia ratear, é só mudar o combustível. Mesmo poluente, o obsoleto mecanismo da luta de classes atende às necessidades. O neoliberalismo pode ter linhas aerodinâmicas modernas, mas não comove os jovens nem alegra os velhos que, sem sair do lugar, ficaram vendo a História do Brasil passar.

De tudo que lhe coube, entre o primeiro e o segundo mandato presidencial, o PT guardou a impressão de que o prejuízo sobrou para ele. O mau estado em que se encontra a via revolucionária (e não só no Brasil) pede atenção. É certo que tanto um quanto outro, Lula e o PT, aceitaram o preço de mercado estabelecido pela contradição, por se tratar objetivamente do Brasil e subjetivamente de socialismo. Contradição que, se não for resolvida, na oportunidade seguinte será mais exigente. Enquanto Lula tem prazo limitado, o PT fica na ponta dos pés, de olho no horizonte. Andam afastados, cada vez mais, um do outro. Mas não se trata apenas da formação do ministério.

É a saída que preocupa o PT, enquanto o presidente, que acredita em destino, pode adiar. Lula e o PT ainda não chegaram ao ponto de achar que nasceram um para o outro, no que diz respeito ao socialismo que anda por aí, inteiramente em desacordo com a teoria que vigorou até o Muro de Berlim desabar sobre todos. As variedades de esquerda, onde quer que se apresentem, entenderam que socialismo é assunto a ser confiado aos cuidados do tempo, que sabe, melhor do que os homens, o que e quando fazer. No Brasil, só é possível dar certo quando se trata do mesmo acaso que patrocinou o descobrimento em 1500. Ou, quem sabe, desistir da pedregosa via revolucionária. Não por acaso, nem por merecimento, mas por antiguidade mesmo, foi que, em boa hora, chegou a vez para a Lei de Murphy – segundo a qual o que tem de dar errado, pode-se esperar sentado, que vai dar. Questão de tempo. O socialismo entrou no século XX com disposição de liquidar a questão de uma só vez. Não deu certo, mas ainda não decidiu que rumo tomar no século em curso.

No Brasil, nem o que tem tudo para dar errado corresponde à expectativa. Lula reelegeu-se e só agora, na hora de reformar a casa para o segundo governo, deixou o candidato para trás e vestiu-se de presidente. Queixa-se de que ficou mais difícil garantir o prometido na campanha. Ainda bem. Mas o que interessa mesmo é pegar o fio da meada.

IMPÉRIO DAS CIRCUNSTÂNCIAS
(03/09/2007, JB)

Pela veemência, não há a menor hipótese de Lula vir a ser candidato ao terceiro mandato. Quando nada, por não existir tal coisa. Mesmo que o povo venha às ruas lhe pedir. Mas não é por esse lado e, sim, por estar determinado a resistir para encorpar sua biografia. O tom enfático deve-se, provavelmente, à oportunidade de amortecer a repercussão nacional que envolveu o Supremo Tribunal Federal pela denúncia dos 40 suspeitos.[30] A entrevista ao Estado de S. Paulo no domingo passado protegeu dos respingos do mensalão a imagem presidencial.

A interferência de Lula não tem a ver apenas com o adiantamento da sucessão, mas com as inconveniências da candidatura tratada por fora do que está na lei e, principalmente, do que não está escrito. Uma das razões é a carência de oportunidade, três anos e um mês antes do compareci-

---

30 Em 28 de agosto, o STF tornou réus os 40 acusados de envolvimento no "mensalão" por crimes como: corrupção ativa, formação de quadrilha, evasão de divisas, peculato, entre outros.

mento do eleitor às urnas. Lula se apresenta no perfil democrático, com discreto charme liberal (que lhe cai mal), para a classe média vê-lo com bons olhos. Nada de pobres contra ricos nem, principalmente, o contrário. O melhor desempenho de Lula com jornalistas foi no *Estadão*. Mas a obsessão presidencial não se conteve e, mesmo não sendo artigo do dia, ele falou de Constituinte exclusiva e reforma política, tão imprevisíveis quanto pintura de casa. Estouram prazos e custos.

A reforma política e a Constituinte exclusiva não são exigência da situação nacional, que ninguém se arrisca a dizer como ficará até a sucessão. Já se firmou a convicção de que tudo de ruim que se vê e se prevê não pode ser debitado ao governo Lula. Não foi ele quem deixou o Brasil assim, mas foi este Brasil – de condições operacionais desastrosas – que o elegeu. Nas três derrotas anteriores, as condições nacionais ainda não estavam no ponto exato de elegê-lo. Lula soube esperar.

Dependendo do imprevisível, nada impede que a ideia do terceiro mandato prevaleça por imperativo das circunstâncias. Será a saída de emergência, se o caminho percorrido for bloqueado por deslizamento de pedras, terra e reputações. A profusão de legendas partidárias coligadas terá do governo favores decisivos para se manter em torno da candidatura presidencial única. A de Lula valerá pela soma de todas as outras, e ainda sobrará um vice a negociar com o PMDB. O homem irá para o livro de recordes como o pretendente que mais eleições presidenciais disputou na última (até aqui, bem entendido) reencarnação da democracia no Brasil. Somando umas e outras, seis ao todo.

Pode ser que, até lá, o Brasil se torne outro, para melhor ou para pior. Ou fique na mesma. A recusa prévia do terceiro mandato exclui solução que não seja democrática. O brasileiro está, visivelmente, gostando de democracia. Lula também. Alguns, os pobres, por motivo de sobrevivência da espécie. Outros, os ricos, pelas razões de sempre. A classe média desacomodou-se, e é nela que a oposição apostará suas esperanças murchas. O PAC[31] já estará estourando as estatísticas de produção e consumo? Por onde andará a crise com que sonham os pessimistas, para os quais, quanto pior, pior mesmo?

Não foi de Lula a mão que plantou as condições que amadurecem, e sim elas que, ainda verdes, o elegeram e reelegeram. As condições objetivas e subjetivas para a candidatura independem dele. Os candidatos põem e as circunstâncias dispõem. Conversar e desconversar é oficio dos políticos.

---

31 O Programa de Aceleração do Crescimento foi criado em 2007, no segundo mandato do Presidente Lula, com o objetivo de promover a retomada do planejamento e execução de grandes obras de infraestrutura social, urbana, logística e energética do país. O programa foi uma das principais plataformas da campanha de Dilma Roussef.

PÃO E CIRCOS
(28/07/2008, JB)

Que não foi Lula quem fez do Brasil o que se vê, não resta dúvida. Mas o resto é com ele mesmo. Já há públicos para todos os espetáculos nos quais o presidente da companhia tanto é empresário, quanto faz o papel do artista em caso de necessidade, doença ou impedimento. Depois de emocionar principalmente os que pela primeira vez foram ao circo ver os saltos presidenciais de um trapézio para outro, sem a rede de segurança embaixo, Lula entrou na jaula para se defrontar com as feras nacionais. Foi uma revelação. Partiu de chicote na mão ao encontro do mensalão, de cuja existência nem suspeitara, apresentado pela oposição com a pompa das comissões parlamentares de inquérito e as circunstâncias dos grandes golpes.

O presidente não demorou a esclarecer que eram costumes antigos de que a memória recente não podia saber. A indireta acertou o peito oposicionista. Nada de novo, como lembraria Salomão. A plateia caiu em si, mas se segurou bem na arquibancada. Enquanto por um lado o governo, inspirado na máxima da velha Roma, distribuía pão, por outro a oposição cuidou de montar o circo para o povão. O fato foi que Lula & Cia. colecionaram aplausos sob a forma de pesquisas que ressaltaram a popularidade presidencial em alta e, dadas as condições, preocupante. Estávamos no fim do primeiro mandato. O Ibope, traduzido para o dialeto político, dizia que os cidadãos queriam mais espetáculos e, portanto, faziam questão de Lula por mais uma temporada. O novo contrato de prestação de serviço foi aprovado sem maiores dificuldades. Tinha precedente ilustre.

Mas a repetição já não teve, por exemplo, o globo da morte. O segundo contrato (ou mandato, como preferem os mais exigentes) não acrescentou novidade, nem teve feras dignas de adjetivos fortes. Circo e política esgotaram seus truques e limitam-se a repetir o repertório que data do tempo dos nossos avós. Quem prefere chorar é o eleitor.

A novidade desta temporada ia ser o veto aos candidatos com antecedentes perfeitamente dispensáveis ao exercício dos mandatos de prefeito e vereador, mas bastou anunciar a providência elementar de limpeza urbana para se fazer ouvir o apelo em defesa do direito do candidato ficha suja a se explicar, depois de eleito (se não for, estará dispensado, e, se for, também). O coro da hipocrisia nacional saiu em defesa da moral relativa. O candidato de ficha suja ficou para a próxima eleição. A que vem por aí foi ressalvada como a última grande exibição dos que sujaram o currículo com grandes ou pequenos furtos (não é questão de tamanho).

Feliz ou infelizmente, depende do ponto de vista, era tarde quando se verificou que só depois de interessar o público se descobriu que, sem os artistas, não haveria espetáculo. Os áulicos, outrora chamados de amarra-cachorro, levantaram a lebre: já era hora de assinar o contrato para a terceira temporada, e não pode ser mediante simples aditamento.

Outro mandato, o terceiro, cabe numa cláusula do contrato atual. Iam bem as sondagens aqui e ali, principalmente ali, na arquibancada onde se localiza a opinião pública. Quem não gostou foi o próprio empresário Luiz Inácio Lula da Silva, cansado de substituir artistas que caem doentes ou cuidam de seus interesses, tanto no trapézio (com rede embaixo) quanto na jaula ou no globo da morte. Declarou-se cansado de turnês e anunciou uma temporada longe do picadeiro, para voltar quatro anos depois, dependendo da situação nacional.

Estava a questão circense nesse ponto, quando deu na telha de Lula convocar uma reunião dos seus para inverter a ordem dos fatores sem alterar o produto: primeiro a reforma do regulamento, depois a eleição. Ou seja, a reforma da companhia deve preceder a temporada de espetáculos, com a Polícia Federal programada para editar cenas cinematográficas de algemas, cujo uso deixou de ser privilégio de quem não tem onde cair morto.[32] Certa confusão pode ser útil à passagem da reforma política à frente da sucessão presidencial. A conferir.

---

32 A Polícia Federal utilizou algemas nas prisões efetuadas durante a Operação Satiagrara, no início de julho. Entre os presos estavam o banqueiro Daniel Dantas e o ex-prefeito de São Paulo, Celso Pitta

PARTE III

O RITO DE PASSAGEM

NA FRONTEIRA DA CONVENIÊNCIA
(22/09/2008, Opinião & Notícia)

Demorou, mas tudo indica que alguma coisa começa a mudar na avaliação dos dois governos Lula. A responsabilidade pelo estado geral de desconforto deixou de ser cobrada pela classe média ao presidente. Ganha consistência o modo contrário de entender que a eleição de Lula, e principalmente a reeleição, é que foi o resultado do amoralismo político que ganhou vulto na vida política graças às revelações desencavadas pela Polícia Federal e pelo Ministério Público Federal. Em miúdos: não foi Lula quem fez o Brasil deste jeito, e sim este Brasil desabonador foi que, por duas vezes seguidas, deu a vitória a ele. Sem dúvida, deve ter tido razão para tanto. Esta é a metamorfose ocorrida na opinião pública, que passou a fazer do presidente a mais alta avaliação, desde que se pratica o método de medir governos e governantes.

Ainda não é possível uma leitura diferente da participação direta do presidente na campanha pela eleição de prefeitos e vereadores. Está em curso a batalha eleitoral em que Lula tem presença discutível, dado o tom de militância política, e não de equidistância política. O presidente incorreu no desagrado até dos partidos que o apoiam e não calam a lamentação. Mas é cedo para considerar hipóteses que vão balizar a sucessão presidencial. Lula zela pela relação proveitosa para ele, entre a eleição atual e a de 2010, e até exagera na exploração da popularidade que transborda do seu discurso eleitoral. O último lance relativo à sucessão, daqui a dois anos, foi a contundente desautorização do seu círculo áulico, por lançar cedo demais a tese do terceiro mandato. Foi o ponto de partida para firmar a candidatura Dilma Rousseff, esfriar os atritos e isolar cada vez mais a oposição. Além de contornar a etapa de consulta aos partidos que servem ao governo e gostariam logo de discutir vantagens. Lula acredita estar de posse de uma confiança inabalável por parte dos que estão em condições de servi-lo, a preço variável com as circunstâncias. Mesmo a custo elevado, que importa? Nunca foi diferente, exceto nos custos operacionais e nas aparências de neutralidade fictícia e hipócrita. Sente-se vacinado contra tentações imediatistas, até a arrancada eleitoral de 2010, mas é exatamente aí que pode estar enrustido o perigo.

A aprovação de 64% (Datafolha) da população requer treinamento espartano para não exceder a fronteira da conveniência, nem perder o senso de oportunidade. Só falta a oposição, pelos seus titulares mais credenciados, dar a mão à palmatória e reconhecer que alguma razão o povão tem (e que ela não levou na devida conta). É por aí que outros aspectos explicam a dificuldade para a oposição engolir o sucesso de Lula e, implicitamente, assimilar o desânimo pela oportunidade perdida quando estava no poder. Nunca imaginou que o efeito social fosse de tão baixo custo e de tão amplo alcance político.

Pois bem. Vai ficar cada vez mais difícil resolver antes da sucessão presidencial, daqui a dois anos, as incompatibilidades de egos federais desenvolvidas nesse nível. Tanto quanto Lula e o PT foram incapazes de assumir a responsabilidade política pelos deslizes éticos ao seu redor, a oposição deixou-se levar pelo equívoco de achar que o governo viria abaixo pela lei da gravidade. Ao cruzar os braços à espera do estrondo, o PSDB perdeu a oportunidade, não de dar o empurrão mas de ressalvar discordância de princípio com a desgastada hipótese do *impeachment* presidencial. O governo não cairia por si mesmo, mas a oposição subiria no conceito daquela ampla faixa da cidadania que aposta na democracia. O pecado oposicionista foi situar-se acima da opinião pública e não desautorizar, no auge da crise, a versão golpista com ressalva formal, solene e republicana.

A consistência política perdida não se restaura apenas com omissão. Por culpa exclusiva do PSDB, a classe média, que era o tesouro da social–democracia, ficou de pé atrás desde a última sucessão presidencial, e sobre ela recaiu a responsabilidade histórica, mesmo não sendo o raio obrigado a reincidir no lugar em que caiu antes.

O responsável por tudo que se identifica como tendência ao impasse foi mesmo o PSDB, que nasceu paulista, no que tem de melhor mas também de pior, que é a incapacidade de ser igual ao resto do Brasil e forçar a mão nas diferenças (sem ao menos disfarçar o júbilo). Desde o berço, faltou à social-democracia uma dose suficiente de sorte. Sacrificou-se como campo de batalha entre tendências políticas que podiam estar de acordo em relação aos fins socialistas propostos no século XIX, mas levaram longe demais o desacordo quanto aos meios para chegar lá. A versão brasileira da ideia de coroar a democracia com o compromisso social não foi original nem diferente das variáveis que a Europa tentou em vão depois da primeira Guerra Mundial, e que variaram apenas nominalmente depois da segunda. Os partidos socialistas situam-se na fronteira e tendem a incorrer no pecado do neoliberalismo ou sucedâneos, por oportunismo ou coisa pior.

Na sua estreia nacional, o PSDB sempre se comportou como se fosse uma originalidade espontânea. Não reconheceu sua cota de culpa nem soube evitar que ela lhe caísse no colo. Não se interessou pelos antecedentes brasileiros nem se preocupou em integrar-se à esquerda, com franqueza e responsabilidade democrática. Do seu lado, o PT inibiu-se com o poder e ninguém o preveniu de que suas contradições, cada vez mais acentuadas, também estariam de tocaia (se não fosse na eleição municipal, seria em outra oportunidade, desde que haja eleição, óbvio).

A suspeita residual em relação à social-democracia, pelo menos no Brasil, não é sintoma de desconfiança, seja por inclinação (por absurdo) à esquerda, seja pelo risco de desvio político à direita. É mais um indício da suspeita de que o partido é ambidestro e apenas agrava a insuficiente credibilidade histórica, desde quando o fascismo e o nazismo levaram de roldão, nos anos 30, o que sobrara do passado.

A MELHOR TACADA PRESIDENCIAL
(26/11/2008, Opinião & Notícia)

Quando os petistas e os companheiros da coalizão parlamentar o estavam deixando sem espaço para manobrar, o presidente Lula saiu pela tangente, mesmo sem saber se seria geometricamente correto. Tendo seu estilo estabanado dado certo politicamente em várias oportunidades, abriu mão da aloprada hipótese do terceiro mandato, deu um nó no aulicismo destemperado e outro na oposição à espera do momento de acuá-lo contra a História. Não errou nenhuma. Então virou a página da segunda reeleição, uma imprudência republicana da social-democracia, sem se desculpar com a consciência reformista da classe média. O PSDB perdeu a melhor oportunidade de liderar as reformas por falta de noção de que tudo que começa ruma para o fim.

Da parte de Lula, a desautorização da iniciativa de recolher assinaturas populares em favor de um terceiro mandato, ou a prorrogação do segundo, por uma Constituinte sem razão de ser, foi contundente e definitiva. O presidente, na sua melhor tacada, advertiu que não se brinca com a democracia (não se lembrou de que, com ditaduras, também não). E assim virou pó o aliciamento sindical, popular e estudantil em favor de uma constituinte dita exclusiva, mas de cartas marcadas. O presidente foi o único ator do episódio, e não consta que tenha sentido falta de equipe. Bancou o valentão, fez o tipo de segurança particular, com o porte de armário antigo e intransitivamente disposto. Foi assim que desviou o curso da imprudente antecipação da campanha presidencial e encerrou a provocação do terceiro mandato.

Lula mostrou a outra face e, dali por diante, marcou posição saudável. Dispersada a conspiração, a expectativa restabeleceu a sensação de normalidade. A economia ia cada vez melhor, as pesquisas de opinião atestavam crescente popularidade presidencial. Uma parcela oculta da sociedade entrou no consumo e Lula arrebentou de maneira intransitiva (isto é, sem objeto direto ou indireto). Deixou transparecer simpatia pela candidatura da ministra-chefe da Casa Civil, como reforço à implosão do terceiro mandato. E sustentou a barra. Foi água na fervura em que estava sendo cozinhado o PMDB e uma ducha no PT, que não foi chamado a opinar na manifestação de preferência pelo nome de Dilma Rousseff. Para o presidente, o PT é desacomodado por natureza, mas procede como os corcundas, que sabem como se deitar.

Mas, pela leitura das pesquisas de opinião pública, na condição de beneficiário direto, o presidente dispensou a opinião dos áulicos e não demonstrou surpresa com a rapidez das consequências favoráveis no noticiário dos jornais, da televisão e do rádio. O pessoal do terceiro mandato, que é a terceira bandeira do contrabando geral, ficou a ver navios. Foi o período áureo do segundo mandato presidencial. Certamente estava escrito em algum lugar, e ele não leu que, antes que o ano de 2008 rumasse para o fim, a prosperidade universal entraria em crise. Só percebeu quando já era tarde. E começou logo nos Estados Unidos, onde um espirro oficial tem repercussão universal em megatons. Lula tropeçou quando acreditou que, por seu intermédio, a eleição municipal iria federalizar a sucessão presidencial em seu proveito em 2010. Fez investimento político errado, mas deve ter aprendido que voto é intransferível e que a democracia lhe será grata se aprender a lição. Mas ainda era prematuro retomar a campanha da ministra Dilma Rousseff, que deverá ser o marco de sua saída sob prolongada apoteose. Desde que se levantou das cinzas do mensalão e abdicou do terceiro mandato, tem sido agraciado com pesquisas que se mostravam dispostas a ir além do limite de cem por cento dos brasileiros a seu favor. Ficaria devendo mais uma reforma, a da aritmética. Já se desloca pelo país e no exterior completamente isento das suspeitas tradicionais.

A rejeição do terceiro mandato foi um atestado de bons antecedentes democráticos e, ao sair do governo, Lula dará um grande passo na direção da História (por enquanto) do Brasil. Certamente a oposição lhe será grata por sair do caminho a que o PSDB quer voltar. A não ser que, por pirraça, resolva fazer meia volta e dar razão aos que, com inesgotável má vontade oposicionista, entenderam que a candidatura da ministra Dilma Rousseff era, desde o começo, uma alternativa fictícia para retirar de circulação e ocultar a ideia do terceiro mandato. E que a ministra, por lealdade, aceitaria com a mesma coerência ceder o lugar de candidata a quem de direito (e até, num certo sentido, de direita) por lhe ter patrocinado a oportunidade. As cabeças oposicionistas voltaram a ferver desde que a crise financeira internacional começou a destilar, em doses homeopáticas, a certeza diluída nas notícias que, mais do que nunca, se movem em velocidade de boato.

A oposição, em sua inesgotável faculdade contemplativa de ver os fatos passarem sem interferir, espera pelas consequências que não costumam se adiantar porque sabem que não têm precedência. Uma questão de princípio precisa de tempo para alcançar o fim. Oposição também, mesmo que seja apenas pretexto.

HISTÓRIA REQUENTADA
(19/01/2009, JB)

A falta de modéstia presidencial valeu como sinal para que as rãs do brejo em que se transformou a coalizão de partidos ao redor de Lula começassem a coaxar e inaugurassem o coro em favor do terceiro mandato. Para se apresentar de peito aberto, como o melhor presidente que a República conheceu por via eleitoral, era preciso apenas estar convencido. Lula sempre esteve e não esconde o bom juízo que faz a seu próprio respeito. Não havia tempo a perder numa questão que requer atenção e cuidado nos quatro anos do mandato, e decide-se mesmo nas urnas.

As rãs não cessavam de insistir, dentro e fora do Congresso, em mais um mandato para Lula, e tanto azucrinaram a paciência alheia que levaram o presidente a recolher o assunto ao depósito das falsas soluções para calar a suspeita generalizada que o comprometia perante a História (do Brasil). Já começava a tresandar aquela conversa de reforma constitucional fora de hora, quando o presidente desautorizou a campanha e deu como garantia (sem pedir troco) a palavra de que não era e não seria candidato em hipótese alguma. A postura tão taxativa foi contraproducente, pois sempre há mais de uma hipótese para se mudar o curso da Constituição e contornar as urnas. Se era assim antes, ficou muito mais depois que Lula declarou a crise internacional uma tempestade nacional em copo d'água, da qual (a tempestade, claro) vive a oposição para não morrer de sede.

O terceiro mandato passou a ser para a imagem de Lula, enfunada pelas pesquisas, o mesmo que a renúncia foi para Jânio Quadros desde a prefeitura de São Paulo. Lado a lado o tempo todo, Lula e o terceiro mandato tornaram-se também inseparáveis em qualquer raciocínio político em torno de 2010. Da própria extroversão o presidente ocupa-se diariamente. Mas, assim como não era possível considerar Jânio sem incluir o risco de renúncia em algum ponto do percurso, ninguém entendeu o alto investimento de Lula apenas para passar o tempo, considerando-se a versatilidade de que ele é capaz e a natureza do nosso arraigado presidencialismo.

Lula teve discernimento para fazer uma curva, sair pela tangente e ver a candidatura Dilma Rousseff com olhos de eleitor. Por aí fica esperando a hora de trocar de roupa e de papel. Fez da ministra a candidata do peito e do PAC, com tratamento preferencial, enquanto as rãs queremistas faziam a zorra para o assunto não esfriar. Adiantou-se ao PT, que ficou chupando pirulito no recreio, e às manobras do PMDB, que é bom garfo, tem olho gordo e peso parlamentar respeitável. Quer conferir se a sua preferência pela ministra-chefe da Casa Civil pegará de muda e garantirá votos suficientes. O enxoval da candidata foi o pré-sal, que faz a parte que lhe compete. Mas, de modo geral, todos se preparam mesmo é para o imprevisível.

De fora para dentro, o Brasil posta-se como ilha incólume aos maus ventos e aberto aos bons pressentimentos.

De dentro para dentro, Lula fatura o otimismo do fim de ano sem baixar os juros e a guarda. De dentro para fora, o Brasil não é o roto entre esfarrapados, mas um país com capital político da classe média que se expande e chega ao consumo. Já se foi o tempo em que crises políticas eram patrocinadas pela oposição. Governos sempre têm a faca e o queijo à mão. E nada mais indicado do que a via pré--eleitoral para se apresentar uma crise daquelas, cuja razão fundamental fica nos escombros da Constituição soterrada. Lembremo-nos de 1937[33], mas sem esquecer 1930, a única revolução com saldo. A História não é repetente, mas os políticos são reincidentes. Depois de cem anos sem reeleição, tudo indica que esse equívoco veio, a pretexto de ajudar a democracia, para ficar. Cada presidente que se reelege ressalva que, em princípio, é contra o segundo mandato. Aceita pelo bem de todos e a felicidade geral que, esta sim, também quer ficar. Lula ressalva que não aceita em hipótese alguma o terceiro mandato.

Um passo adiante. O terceiro mandato começou a zumbir antes que a candidatura Dilma Rousseff levantasse voo, e tem, este ano, 12 meses para fazer ruído, enquanto, como diria o Pacheco (do Eça), Lula faz História.

---

33 O presidente Getúlio Vargas deu um golpe para continuar no poder sem realizar eleições, dando início ao Estado Novo, que durou até 1945.

LULA NO PAPEL DE PIGMALIÃO
(15/03/2010, JB)

Depois de emplacar a candidatura Dilma Rousseff, o presidente Lula passou a emitir sinais de satisfação por ter preenchido sozinho o vazio deixado pela desistência ao terceiro mandato que alvoroçou os áulicos. Poderia até assobiar os temas do musical *My Fair Lady*, pelas razões a serem esclarecidas em seguida. O tempo disponível do presidente esgota-se sem a apoteose com que ele contava. Faltou-lhe também paciência para esperar o que a História não teve pressa de digerir. Mas o último ano de mandato passa depressa. O ex-presidente será reavaliado a partir do primeiro dia em que não acordar mais presidente. Tudo a seu tempo.

Entre os vários Lulas que se sucederam desde que deixou de se ver no espelho, pode-se dizer que o atual sucumbiu à síndrome do escultor Pigmalião que, no tempo em que a Grécia produzia mitologia para consumir e exportar, optou pelo celibato (por entender que as mulheres não eram dignas do amor dos homens). E, para marcar a diferença, Pigmalião animou-se a esculpir em marfim a figura feminina perfeita, representada por ninguém menos que a própria deusa Afrodite.

Não deu outra. Diz a mitologia que o trabalho foi tão competente que Pigmalião se apaixonou perdidamente pela obra-prima e rogou a Afrodite, que se reconheceu na perfeição da escultura, para insuflar-lhe vida. Atendido, renunciou ao celibato, e o criador então se casou com a criatura. Mas não termina aí. O legado de Pigmalião tem-se reproduzido ao longo do tempo com variedade de soluções criativas. Voltaire, Rousseau e Bernard Shaw também se valeram do acidental para refazer com arte o essencial, de acordo com a época e a variedade artística adaptável às circunstâncias do tempo.

No modesto Brasil republicano, o primeiro escultor de uma candidata a presidente veio a ser Luiz Inácio Lula da Silva, por motivos dispensáveis de figurar aqui. Antes que se fizesse o vácuo político, com um governo apressado em equacionar a sucessão e uma oposição modorrenta, o presidente percebeu a seu lado a figura de Dilma Rousseff, com antecedentes revolucionários eleitoralmente valiosos (antes da campanha propriamente dita) que a deixavam imune às primeiras pedras. Já é, por natureza, uma petista zangada.

Quem ainda diz que a História não se repete? Lula foi salvo, em cima da hora, pelo eterno precedente de Pigmalião, e já está mais perto da mitologia grega do que das páginas virtuais da História do Brasil. O resto pode ficar por conta de Lula mesmo e da internet, com margem de surpresa inevitável em ambos. Mais do que o ideal da perfeição, Lula limitou-se a lisonjear, como forma de se elogiar por tabela, a candidatura que a ninguém ocorrera antes dele. E já está repassando a Dilma Rousseff os truques que Henry Higgins, professor de fonética, ensinou à pobre Eliza Doolittle, a moça que vendia flores nas ruas de Londres com uma abominável pronúncia e veio, depois de longo aprendizado, a fazer sucesso na alta sociedade londrina.

Qualquer semelhança com o Brasil novo rico não passa de intriga da oposição. Por onde se apresente em campanha, o escultor da candidata Dilma Rousseff vibra e se reabastece com a própria pigmalionice, que acaba de receber das pesquisas de opinião (que os gregos não conheceram) que proclamaram: a candidata já encosta, salvo seja, na vantagem de que desfrutava José Serra (enquanto esperava às margens do Ipiranga, do qual não mais se ouve falar).

Lula repudiou o terceiro mandato e esculpiu, politicamente, a candidatura equidistante de todas as tendências que se entrechocam ao seu redor, e criou um fato consumado com a imprudência política a que o PAC e as pesquisas de opinião o induziram. Só falta definir se a repetição se dará como tragédia ou, como a história prefere, comédia mesmo.

DO MENSALÃO AO "REBOLATION"
(09/05/2010, JB)

Há quem desconfie, com as ressalvas e incoerências inerentes ao personagem, que o presidente Lula já se deu conta de que a candidata Dilma Rousseff não correspondeu às expectativas dele e, cada vez mais, é do agrado da oposição. A seu ver, já se dissipou o saldo favorável que aliviou a constrangedora atmosfera em que se envolveu pessoalmente no caso do terceiro mandato. A candidatura Dilma pegou de galho e aliviou as costas presidenciais da suspeita de que ele estava por trás da iniciativa, por falta de paciência para esperar a sucessão de 2014.

Suspeita-se, pela descontração presidencial, que Lula se enfarou de ser bedel de candidaturas espalhadas por todo o país. A distância que está aumentando entre o presidente e a campanha de dona Dilma significaria, na melhor das hipóteses, que Lula leva em consideração outros aspectos que desconsiderou antes. Eleição é areia movediça. A distância que vai se interpondo entre Lula e a campanha está aberta a interpretações tanto naturais quanto sobrenaturais. É verdade que a candidata tem feito por onde ser reavaliada enquanto for tempo. Falta-lhe, de modo geral, o que em francês fluente os poliglotas chamam de *physique du rôle*. Ou, em bom português, no caso, a recomendável bossa para empreitada eleitoral.

Lula percebeu em tempo que era caminho sem volta deixar correr no Congresso a emenda constitucional, já com número suficiente de assinaturas e o ostensivo patrocínio do próprio vice-presidente em exercício áulico. Tratou de cair fora. Retirou, ainda cru, da boca da oposição, o pão do continuísmo que não ia atenuar a fome de democracia na opinião pública quando (por acaso?) se expandia como gripe a ideia sul-americana de outorgar ao eleitor o poder de permitir aos governantes, de acordo com a conveniência de cada um, mais de dois mandatos consecutivos.

Desse ponto de vista, Lula acertou na mosca que zumbia na sua insônia. Poucas vezes, na história deste país, um governante soube sair tão lépido de uma armadilha. A troca do plebiscito pela candidatura feminina arquivou tanto o mensalão de triste memória quanto o terceiro mandato, de odor venezuelano, que fez republicano da gema torcer o nariz com empáfia cívica. Afinal, o Brasil foi, mas não se orgulha disso, o reformador das ditaduras tradicionais, com a associação do rodízio dos presidentes e a eleição indireta. Uma ditadura arejada pelo revezamento de presidentes e um bipartidarismo simplificador (um no poder e o outro eternamente na oposição). Funcionou enquanto foi possível e, quando deixou de ser, a oposição foi para o poder. Tudo voltou a ser como sempre foi. O passado fez o exercício de casa e, de modo redundante, continuou. Sem alarde e sem acerto de contas.

O efeito realmente novo, seis mandatos depois de eleições indiretas e diretas, veio a ser a candidatura Dilma

Rousseff, que deu cobertura a Lula para se recompor com o alto juízo em que se tem, e que o autoriza a zombar da oposição como se a sucessão fosse uma peça de Luigi Pirandello. Não é, mas passa perto do princípio pirandelliano, segundo o qual "assim é se lhe parece" e pelo qual se estrutura a vida representativa brasileira. E, se assim parece ao próprio Lula, muito mais ao petismo, pois se trata de solução respeitosa à democracia, e republicana sem deixar de ser à moda brasileira. Ficou subentendido, nos dois últimos anos do segundo mandato de Lula e no nascimento da candidatura Dilma Rousseff, o que poderia perfeitamente ser definido como "rebolation", para elidir o intervalo entre o mensalão e a sucessão.

Este faz de conta democrático preencheu o vazio de ideias políticas à altura das necessidades, mas não autoriza otimismo segundo o qual é página virada o apelo ao retrocesso democrático, em nome da necessidade de evitar riscos inerentes à democracia.

Do lado oficial, sem obras para mostrar, a candidatura de uma figura feminina de forno e fogão na sucessão contribuiu para conter os petistas e o petismo. O saldo social dos dois mandatos transcorridos tem mais peso histórico do que político. Lula demonstrou ser perfeitamente possível reduzir a desigualdade social sem colidir com a democracia. O resto de dois mandatos foi, em boa parte, zelar pela herança da social-democracia que precedeu o petismo e ainda sobra para quem chegar lá.

A ARTE DE MONTAR GOVERNOS COM PALAVRAS CRUZADAS
(21/11/2010, JB)

Com um mês e pouco ao seu dispor, o presidente Lula procurou ser menos Lula do que na campanha eleitoral, e deu o peteleco na armadilha ministerial montada pelo PMDB & mais quatro, a título de oposição amiga: "Parecia que ia acontecer, mas não aconteceu".
Valeu como atestado de óbito.
O blocão do PMDB reúne nominalmente 202 deputados, mas ainda está longe de somar a metade do rebanho da Câmara, e mais um voto, dos 513 deputados, para dispor de maioria absoluta e botar o PT de joelhos. Os cálculos ainda refletem devaneios ociosos, e a realidade, que dirá a última palavra, não disse nem a primeira. Lula está avaliando como não ficar para trás dos acontecimentos, nem se habilitar mediante reserva de mercado para 2014.
Seria fazer pouco dos cidadãos.
Se ficar para trás, Lula expõe-se ao risco de colidir com as definições da sucessora, que já abateu um bom pedaço do seu débito com Lula ao perfilhar a indicação do seu mi-

nistro da Fazenda como retribuição pública e, tanto quanto possível, sem compromisso de continuísmo.

Se Dilma Rousseff e Luiz Inácio não se mantiverem juntos, a distância entre eles – que já não é a da campanha – tende a aumentar e, a partir de algum ponto, polarizar diferenças que também acabarão inconciliáveis. Não é demais, olhando pelo retrovisor, considerar que as duas candidaturas não chegarão juntas a 2014. Uma ficará pelo caminho. Ambas, por sinal, dividem os riscos de estarem à disposição dos interessados em eliminá-las pelas diferentes razões que dão à democracia o encanto de um jogo.

Lula é candidato sem alternativa. Mesmo a candidatura de Dilma Rousseff à reeleição depende do imponderável (no caso, do governo que fizer). E, se não acertar com o tom adequado, terá de se contentar com um mandato. À oposição, o que sobrar.

Se Lula, já ex-presidente, quiser exercer a tutela política como fez com a candidata até aqui, terá de considerar que o eleitor se deixa levar pelas pesquisas eleitorais, mas o cidadão mantém um pé atrás em relação aos governantes. Não existe a possibilidade de exercer mandato presidencial por telefone celular. Tem de ser na primeira pessoa do singular ou na primeira do plural. Ou não será presidencialismo.

No primeiro mandato Lula não conseguiu nem arrematar seu ministério e, se não fosse José Dirceu, não teria fechado a negociação com a arraia miúda parlamentar. No segundo, dispensou o mensalão e ficou com as consequências residuais. O Lula que sai não é mais o que entrou, mas não se sabe qual dos dois é melhor. O outro será automaticamente o pior.

Nos últimos dias do governo Lula, a presidente Dilma Rousseff está aproveitando as oportunidades de dizer a que veio e, principalmente, a que não veio. Monologando em voz alta, dá a entender a Lula que era uma e agora, depois de eleita, é outra, para ficar à altura das responsabilidades que compõem a sua circunstância. Não quer ouvir falar de porteira fechada e de ministério promíscuo.

Na hora de montar governos não há fórmulas, mas circunstâncias clareadas pelo bom-senso, que às vezes atrapalha. Uma das questões é saber de que modo processar as demissões para preencher as vagas com nomeações por outra ordem de argumentos.

Dilma começou bem e, ao se recusar a fazer palavras cruzadas com ministérios e garantir reserva de mercado ao continuísmo, evitará que seu governo venha a parecer a sombra do que a precedeu. Apontou a porta de saída à mal vestida ideia de cotas fixas como base das definições que a deixariam de mãos amarradas.

Na formação de ministérios, não pode haver direito adquirido no governo anterior.

Deu um chega pra lá no PMDB, ao chamar seu vice para enquadrar a mania de grandeza do partido dele, não no governo dela. Foi uma lição pelo menos oportuna.

ÍNDICE ONOMÁSTICO

Agnello Queiroz – 48
Anderson Adauto – 48
Antonio Palocci – 47
Auro de Moura Andrade – 32

Benedita da Silva – 48
Bernard Shaw – 116

Carlos Alberto Parreira – 86
Carlos Augusto Ramos, "Carlinhos Cachoeira" – 78
Celso Amorim – 48
Celso Pitta – 22, 99
Ciro Gomes – 48
Cristovam Buarque – 48

Daniel Dantas – 22, 99
Delúbio Soares – 77, 78
Dilma Rousseff – 48, 104, 108, 109, 112, 113, 115, 116, 117, 119, 120, 124

Eça de Queiroz – 113

Eduardo VIII – 64
Emília Fernandes – 48

Fernando Collor – 12, 47
Fernando Henrique Cardoso – 34, 52, 53, 69, 84
Floriano Peixoto – 22

Getúlio Vargas – 32, 47, 56, 85, 86
Gilberto Gil – 48
Góis Monteiro – 65
Guido Mantega – 47

Heloísa Helena – 68
Henrique Meireles – 48
Humberto Costa – 48
Hugo Chávez – 78

Itamar Franco – 47

Jacques Chirac – 87
Jacques Wagner – 48

Jânio Quadros – 32, 33, 47, 64, 69, 70, 85, 112
Juscelino Kubitschek (JK) – 64
João Alves – 34
João Batista Araújo "Babá" – 68
João Fontes – 68
Joel Silveira – 64
José Alencar – 41
José Dirceu – 47, 73, 79, 124
José Graziano – 48
José Maria Alckmin – 34
José Sarney – 69
José Viegas Filho – 48
José Serra – 117
Josef Stalin – 44

Larry Rohter – 63
Leon Trotski – 44
Leonel Brizola – 83
Luciana Genro – 68
Luis Fernando Furlan – 48
Luiz Dulci – 48
Luiz Gushiken – 48
Luiz XV – 77

Machado de Assis – 23
Márcio Thomás Bastos – 47, 63, 100
Marina Silva – 48
Matilde Robeiro, 48
Miguel Rosseto – 48
Mikhail Gorbatchev – 44

Milton Campos – 83
Miro Teixeira – 48

Naji Nahas – 22
Nilmário Miranda – 48

Olívio Dutra – 48
Osvaldo Aranha – 72
Otto Lara Resende – 49

Pedro I – 64
Pedro Nava – 61
Protógenes Queiroz – 22

Ricardo Berzoini – 48
Roberto Amaral – 48
Roberto Campos – 65
Roberto Jefferson – 77
Roberto Rodrigues – 48
Rousseau – 23, 116

Santos Dumont – 49

Tarso Genro – 48

Voltaire – 116

Waldir Pires – 48
Waldomiro Diniz – 78
Walfrido Mares Guia – 48
Winston Churchill – 64

Este livro foi diagramado utilizando a fonte Minion Pro e
impresso pela Gráfica Vozes, em papel off-set 90 g/m² e
a capa em papel cartão supremo 250 g/m².